우리 아이 논리를 키워 주는

체스

저자 이철우

🔶성안당 .com

우리 아이 논리를 키워 주는
체스

2007년 12월 15일 초판 1쇄 발행
2013년 4월 10일 초판 5쇄 발행

지 은 이 : 이철우
펴 낸 이 : 이종춘
펴 낸 곳 : 성안당
주   소 : 경기도 파주시 교하읍 문발리 출판문화정보산업단지 536-3
전   화 : 031-955-0511
팩   스 : 031-955-0510
등   록 : 1973. 2.1. 제13-12호
홈페이지 : www.cyber.co.kr
내용문의 : chess@paran.com

ISBN 978-89-315-7195-0 (73690)
정 가 8,000원

만든이

책임 | 홍현정
진행 | 박선주, 앤미디어
본문 디자인 | 앤미디어
표지 디자인 | 앤미디어
교정 | 앤미디어
홍보 | 박재언
제작 | 구본철

우리 아이 논리를 키워 주는
체 스

저자 이철우

 **머리말**

'체스에 대한 열정을 담아,

아마도 이 책을 읽는 사람들의 대부분은 체스에 대한 호기심 내지는 열정이 많은 분들일 것입니다. 필자가 체스를 처음 접한 시기가 초등학교 4학년 때이니까 20년은 훨씬 더 된 것 같습니다. 하지만 본격적으로 체스를 시작한 것은 20대 초반으로, 그래도 한 15년은 되었으니 오래되었다면 오래 되었다고 할 수 있네요. 그 동안 책 출간에 대한 욕심은 있었지만 역시 쉬운 일이 아니기에 지금까지 책 한 권을 내지 못한 채 마음만 앞서왔습니다. 무엇을 써야 할지에 대한 고민이 가장 컸는데, 지금도 어떻게 써야 잘 쓴 것인지 고민을 하게 됩니다.

체스를 소개하는 책

규칙 설명은 지금까지 여러 경로를 통해 이루어지고 있기에 똑같은 설명을 되풀이 하는 것은 시간 낭비, 지면 낭비일 뿐이라 생각합니다. 그렇다고 설명을 안 하고 지나치게 되면 체스를 처음 접하는 분들은 답답할 것이기에 지면을 활용하여 각 기물에 대한 필자의 생각을 정리해 보았습니다.

이 책을 집필한 또 하나의 이유는 우리 나라 사람들이 체스를 많이 알았으면 좋겠다는 생각에서 였습니다. 그래서 이 책은 체스를 가르쳐주는 책이라기보다는 체스를 소개하는 책이라고 말씀드리고 싶습니다. 다른 사람과 체스에 대해서 이야기해 보면 체스 규칙을 정확히 알고 있는 사람이 별로 없더군요. 알고 있어도 대략적인 규칙 내지는 장기의 룰을 그대로 알고 있는 경우도 많았습니다. 기본 규칙 외에 특별 규칙은 무시당하기 일쑤였고 특별 규칙을 알고 있는 사람이라도 정확히 알고 있는 사람이 드물었죠.

필자 또한 외국 원서를 통해 공부하기 전까지는 체스를 확실히 안다고 말하기 힘들었지만, 필자가 체스에 입문할 때 보았던 책인 '체스 입문과 실전'은 제대로 만들었다고 말할 수 있을 정도로 기본이 튼튼했던 책이었습니다. 많은 내용이 그림으로 채워져 있었는데 아무리 생각해도 잘 만들었다는 생각이 들더군요. 그래서 더욱 좋은 체스 책을 만들어야겠다는 생각을 하게 되었습니다.

또 하나 내가 집필하면서 걱정되었던 부분은 내가 알고 있는 바를 얼마나 많이 전달할 수 있을까 하는 것이었습니다. 그래서 지금까지 강의하면서 느꼈던, 기초를 다지기 위해 필요한 기본적인 것들만 담아내고자 노력했습니다.

체스에 대한 흥미를 갖게하는 책

이 책의 진가는 실전 체스에 있다고 할 수 있으며, 실제로 일어나는 경험을 바탕으로 체스를 제대로 배우게 하고자 엮은 책인 만큼, 쉽게 읽을 수 있을 것입니다. 하지만 여러분이 정말 초보이고 체스를 제대로 배운 사람이 아니라면 한 번쯤은 꼭 읽어보라고 권하고 싶은 책입니다. 1년 이상 배웠다고 하더라도 이 책을 읽고 나면 단 1%의 가치이지만 아주 중요한 것을 배우게 되고 느낄 수 있을 것이라고 생각합니다.

이 책은 필자가 체스를 10년 넘게 가르치면서 체스를 배우고자 하는 분들에게 꼭 이야기하고 싶었던 핵심만을 모아 정리한 것이라고 자부할 수 있습니다. 여러분은 이 책을 읽음으로서 10년 이상의 세월을 뛰어넘을 수 있을 것입니다.

부디 이 책을 통해 체스에 대한 보다 많은 흥미를 가질 수 있기를 바랍니다.

2007년 10월 저자 이철우

차례

차 례

나를 따르라~!

차례

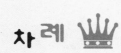

차례

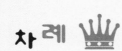

단숨에 넘자!!

정상

체스가 뭐하는
거에요 ?

CHESS

1. 체스의 유래와 준비물

1. 체스가 뭔가요?

"체스는 누구와도 즐길 수 있는 보드 게임의 최강자!"

오랜 기간 수많은 사람이 즐겨온 체스는 현재의 보드 게임이나 PC 게임을 탄생시킨 게임계의 지존입니다. 몇 개의 기물과 함께 흰색과 검은색으로만 간략하게 표시된 체크무늬 판에서 유연하고도 전략적인 사고로 아이의 논리를 키울 수 있습니다.

▲ 캐릭터 체스   ▲ 클래식 체스

　검은색과 흰색의 단순하면서 매력적인 체크무늬 판과 기사, 여왕, 성 등 특별한 모양으로 만들어진 기물을 사용해 즐기는 체스 게임은 160여 개의 나라에 보급되어 있으며, 세계 선수권 대회는 물론 아시안 게임에 정식 종목으로 채택된 전 세계적인 인기 게임입니다. 생각보다 배우기가 쉬울 뿐만 아니라 상대방을 이기기 위해 고심하다보면 전략적인 사고를 기를 수 있고 게임을 통해 자연스럽게 서양인들의 사고를 이해할 수도 있습니다.

　그럼 체스는 언제, 어디서부터 시작되었을까요? 체스라고 하니 미국이나 영국에서 시작했을 거라고 생각하겠지만 사실은 인도에서 시작되었다고 체스

연구가들은 추측합니다. 그 이유 중 하나는 지금의 체스와 비슷한 게임인 '차트랑가'라고 하는 게임이 인도에 아직 남아 있기 때문이죠. 차트랑가는 인도에서 600년대부터 즐겨왔던 게임입니다. 물론 규칙이나 모양이 지금의 체스와는 많이 달랐으며, 지금의 체스 모양을 갖추게 된 것은 유럽에서부터 시작되었습니다.

유럽에서의 체스는 약1000년경부터 시작되었습니다. 현재의 체스는 지금으로부터 500~600년 전인 1500년경 유럽에서 지금의 규칙이 적용된 게임으로 만들어지게 되었습니다. 이즈음에 폰의 움직임이 구체화되었고, 퀸은 힘이 조금 더 좋아졌습니다. 특히 프랑스와 영국에서 체스가 대중적인 인기를 얻었으며, 이런 이유로 체스 용어에 프랑스어나 영어가 많이 등장합니다.

장기의 원류이면서도 수많은 사람에게 여전히 체스가 사랑을 받고 있는 이유는 동호인의 수가 많은데다가 이들에 의해 규칙이 계속 발전되고 더욱 많은 전략이 개발되고 있기 때문이죠. 새로운 슈퍼컴퓨터를 개발할 때마다 성능을 실험하기 위해 체스 챔피언과 대결을 벌이기도 하는 등 유럽에서 체스는 단순한 게임으로서 뿐만 아니라 일상의 한 부분으로 여겨지고 있습니다.

체스를 즐기기 위해 필요한 것들 ------------------------------ TIP

체스 게임을 하는데 체스가 없다면 안 되겠죠. 체스 세트는 룩, 비숍, 퀸, 킹, 나이트, 폰의 6종류의 기물과 체스판으로 구성되어 있습니다. 위 그림에서처럼 체스판은 어두운 색과 밝은 색의 두 가지 색상의 체크무늬로 구성되어 있어요. 그리고 체스 시계가 따로 있습니다. 체스 시계는 서로 시간을 공평하게 사용하기 위해 사용합니다.

2. 체스 예절

"반갑습니다. 비숍이라고 합니다."

체스는 예절을 중시하는 게임입니다. 또한 자신의 기물을 한 번 건드리면 반드시 그 기물로 움직여야 하며 상대방의 기물을 함부로 건드려서도 안 되는 등의 예절이 있습니다. 동방예의지국인 우리나라와 딱 맞는 게임이지요.

킹을 잡아서는 안 돼요!

대표적인 체스 예절 중 하나가 상대방의 킹을 잡아서는 안 된다는 거에요. 체스는 체크메이트, 다시 말해 킹을 공격해서 그 킹이 도망갈 수 없게 되면 이기는 게임이에요. 그러므로 내가 체크메이트 상황을 만들게 되면, 상대방은 다음 수를 둘 수가 없게 되고 그렇게 되면 졌다고 인정하는 것이죠.

이렇게 게임에 졌다고 상대방에게 인정하는 표현 방법은 바로 자신의 킹을 한쪽으로 쓰러트리면 되요. 그런데 만약 체크메이트 상황임에도 상대방이 잡히는 자리로 움직이거나 체크를 했는데도 잘못 막거나 피하지 않으면 어떻게 해야 할까요? 잡으면 된다고요? 안 돼요! 체스는 절대 상대방의 킹을 잡아서는 안 된답니다. 그게 상대방에 대한 예의니까요. 그래서 만약 상대방의 킹이 잘못된 자리에 있으면 이야기를 해 다시 두게 합니다.

터치 무브(Touch Move)는 지키자

　게임을 하다보면 하나의 기물을 움직이기까지 여러 개를 잡았다 놨다 하는 경우가 많은데 이러면 안 돼요. 터치 무브란 '손 댄 기물은 반드시 움직여야 한다.'는 의미로, 자신의 행동에 책임진다는 의미도 있답니다. 터치 무브를 지키기 위해서는 기물을 움직일 때 좀 더 신중히 해야겠죠. 가끔 보면 자기가 움직이는 기물을 움직이다가 생각을 바꿔 다른 것을 움직이는 사람들이 종종 있는데 이러면 안 돼요.

　손댄 기물을 움직이게 되어 킹이 공격을 당해서 체크가 될 때는 다시 둘 수가 있어요. 그 외에는 잡았던 기물은 꼭 움직여야 합니다. 그런데 가끔 터치 무브 때문에 싸우는 경우가 있어요. 기물을 건드렸느냐 안 건드렸느냐를 가지고 오해가 생기는 것이죠. 이때는 원칙적으로 건드리지 않았다는 쪽의 말을 인정해 줍니다. 이것은 체스가 신사적인 게임이기에 신뢰를 우선시하기 때문이죠. 중요한 건 터치 무브로 심판의 개입이 필요한 상황까지 만들지 말고, 양심에 어긋나지 않게 게임에 임하는 것입니다.

2. 음하하, 기사가 나가신 닷!

1. 룩과 비숍은 이렇게 움직이지요

"하하! 사나이는 직진만 하는 거야!"
"세상은 흑백만 있는 것이 아니지요"

룩은 상하좌우로만 움직이고 비숍은 대각선으로만 움직입니다.

룩(Rook, 성) ♜

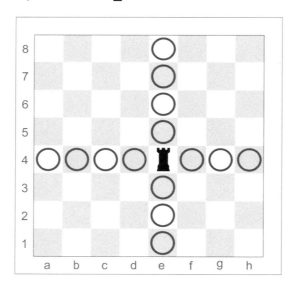

　　룩은 앞뒤 또는 좌우로 힘차게 쭉쭉 갈 수 있는 기물입니다. 그렇다고 막혀 있는데도 막무가내로 지나가면 사고가 나겠지요. 룩이 성 모양 같이 생겼죠? 그래서 영국에서는 '캐슬' 이라고도 부릅니다. 그런데 성이 어떻게 움직일 수 있냐고요? 아주 좋은 질문이네요. 원래 체스라는 게임이 처음 만들어졌을 때는 성 모양이 아니라 전차 모양이었다는군요. 그러던 것이 유럽으로 넘어오면서 성 모양으로 바뀐 거에요.

비숍(Bishop, 주교)

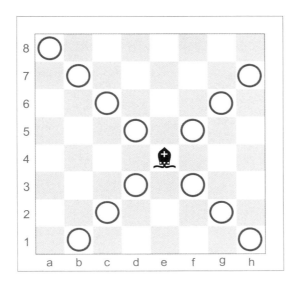

비숍은 천주교 주교들이 쓰는 모자와 비슷한 모양으로 되어 있어요. 그래서 의미도 성직자 또는 주교를 뜻합니다. 옛날 주교나 성직자가 무슨 일을 했을까요? 바로 왕에게 조언하는 역할을 했어요. 그래서 비숍의 위치 또한 킹이나 퀸 옆자리입니다. 비숍은 대각선 방향으로 움직이는데, 그런 움직임이 익숙하지 않다보니 '매직 무브(Magic Move)'라고 부르기도 합니다.

에잉? 비숍은 체스판 위에 같은 색상만 찾아다니네? - - - - - - - - - - - - - - - TIP

그렇습니다. 비숍은 항상 대각선으로만 움직이다보니 하얀색 비숍은 어두운 칸으로만, 검은색 비숍은 흰색 칸으로만 움직인답니다. 이런 움직임이 눈에 익숙하지가 않아서 발견하기 힘들어서 매직 무브라고도 합니다.

2. 왕이나 여왕보다 더 센 녀석이 누구냐?

"세상은 여자가 지배하는 거야!"
"뭐 별거 있어? 왕이 최고지"

퀸은 위아래나 좌우는 물론 대각선으로도 움직일 수 있는 강력한 기물이고, 킹은 한 칸 씩만 움직일 수 있으며 게임에서 없어서는 안 될 가장 중요한 역할을 합니다.

퀸(Queen, 여왕) ♛

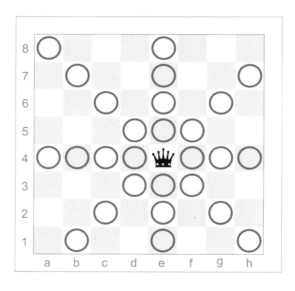

퀸은 우리말로 여왕을 뜻하지만 수상이나 총리의 의미를 갖기도 합니다. 가장 큰 힘을 가진 자를 지칭하죠. 체스에서 가장 중요한 기물은 킹이지만 힘이 제일 강한 것은 퀸이랍니다. 처음부터 퀸이 강력한 힘을 가졌던 건 아니에요. 유럽에서 체스 규칙이 체계를 잡아가면서 퀸의 힘이 강해진 것이라고 합니다.

네~ 그렇답니다. 체스가 유럽의 영향을 많이 받았다고 그랬잖았아요. 유럽도 실질적인 권력을 지닌 수상이 있고, 상징적인 권력을 지닌 왕이 있듯이, 퀸이 킹보다 더 큰 힘을 가지고 있어요.

킹(King, 왕)

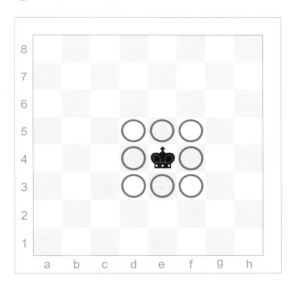

킹은 아주 중요한 기물입니다. 선장이 없으면 배가 항해할 수 없듯이 왕이 없으면 더는 게임을 할 수가 없어요. 그래서 왕이 중요한 거에요. 그럼 왕은 누구일까요? 바로 여러분입니다. 여러분이 왕이 되어 체스판의 여러 기물을 움직이는 것이죠.

킹으로 게임의 승패가 결정되기 때문에 마지막까지 킹을 잘 보호해야 합니다. 하지만 킹도 나가서 싸워야 할 때는 싸울 수 있는 용기가 필요합니다.

3. 가자! 병사들이여!

"전쟁의 승패는 나에게 달려 있다!"
"한걸음 한걸음, 우리에겐 후퇴란 없다!"

나이트는 장애물을 넘어갈 수 있어 유용하며 폰은 빠르지는 않지만 꾸준히 한 칸씩 움직일 수 있지요.

나이트(Knight, 기사)

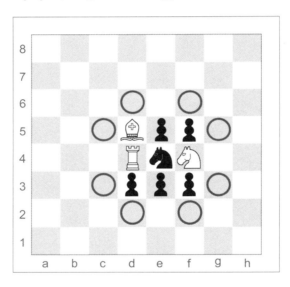

나이트는 말 머리 모양을 하고 있는 기물이에요. 장군을 의미하지요. 옛날엔 장군들이 말을 타고 다녀서 기물 모양으로 표현한 것입니다. 나이트는 Y자 모양으로 움직입니다. 첫 번째 한 칸은 앞으로, 두 번째 한 칸은 대각선 방향으로! 즉, Y자 모양이 되지요! 나이트는 두 칸밖에 움직이지 못하지만, 가려고 하는 방향이 막혀 있어도 뛰어 넘을 수 있어요. 기물이 장애물을 잘 뛰어넘듯이 말이에요. 이런 장점 때문에 나이트는 공격할 때 잘 활용할 수 있습니다. 나이트를 잘 활용하면 좋은 작전이 나오기도 하죠.

폰(Pawn, 병사) ♟

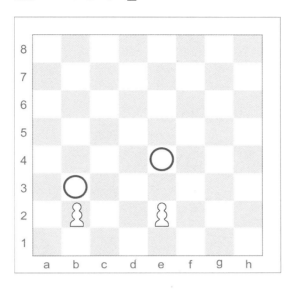

폰의 움직임에 대해서는 몇 가지 알아두어야 할 게 있어요. 폰이 처음 움직일 때는 앞으로 두 칸 갈 수 있지만, 두 번째 움직일 때부터는 앞으로 한 칸만 갈 수 있어요. 그리고 대각선 방향으로 한 칸 앞에 상대방의 기물이 있다면 잡을 수도 있어요. 즉, 상대방을 잡을 때만 대각선 방향으로 한 칸 움직일 수 있는 거죠.

폰은 힘이 약한 기물이랍니다. 군대의 졸병과 같은 역할을 하죠. 하지만 게임의 역전도 만들 수 있는 숨은 힘이 있기도 해요. 이런 폰의 놀라운 능력에 대해서는 다음 장에서 자세하게 설명합니다.

PART 2

전쟁에 대비하라!

CHESS

1. 내 자리는 어디지?

1. 체스판의 모양과 사용

"그래, 거기! 아니 그 옆에 놓으란 말이야!"

기보법은 기물의 위치를 정확히 설명하고 그 과정을 기술하기 위한 방법입니다.

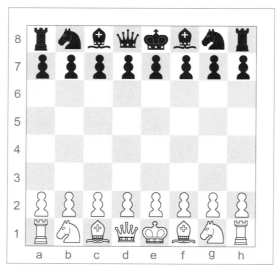

▲ 체스 기물을 놓는 방법

　어두운 색과 밝은 색의 가로와 세로 각각 8칸씩 64칸으로 되어 있는 체크 무늬의 체스판에 사용되는 기물들은 놓는 방법이 다 정해져 있답니다. 먼저 밝은 색(보통 흰색) 칸이 자신의 오른쪽에 오도록 체스판을 놓고 양쪽 끝에 룩을, 그 옆에는 나이트를, 또 그 옆에는 비숍을 놓은 다음 퀸을 놓고 남은 칸에 킹을 놓습니다. 즉 하얀 퀸은 흰 칸에 검정 퀸은 검정 칸에 놓으면 됩니다.

a8	b8	c8	d8	e8	f8	g8	h8
a7	b7	c7	d7	e7	f7	g7	h7
a6	b6	c6	d6	e6	f6	g6	h6
a5	b5	c5	d5	e5	f5	g5	h5
a4	b4	c4	d4	e4	f4	g4	h4
a3	b3	c3	d3	e3	f3	g3	h3
a2	b2	c2	d2	e2	f2	g2	h2
a1	b1	c1	d1	e1	f1	g1	h1

그리고 폰은 바로 앞 줄에 나란히 놓습니다. 그럼 이렇게 놓은 기물들의 위치를 설명하려면 어떻게 해야 할까요? "응. 거기 거기" 이렇게 설명할 수는 없겠지요? 그래서 체스를 두기 위해 체스판과 기물의 위치, 그리고 기물이 위치하는 곳을 설명하는 방법을 고안하기 시작했습니다.

먼저 기물의 위치를 알리기 위해 사용하는 방법에 대해 알아봅니다. 가로의 영문 알파벳을 먼저 읽고, 세로의 숫자를 나중에 읽습니다. 위의 그림 속에 적힌 것처럼 말이죠. 물론 이렇게 적는 방법을 꼭 먼저 외워야 하는 것은 아닙니다. 게임을 통해서 자연스럽게 익혀지도록 하는 것이 좋아요. 우리는 다만 게임의 흐름을 쉽게 이해하기 위해 기물 위치를 설명하는 방법을 배운 다음 필요할 때 이 부분을 다시 한 번 확인하도록 해요.

파일? 랭크? -- TIP

체스판의 가로줄을 '랭크'라고 읽으며 세로는 '파일', 대각선은 '다이애거널'(같은 색의 사선줄)이라고 읽습니다. 이 표시가 왜 필요하냐고요? 피아노와 같은 악기를 다루기 위해서 악보를 보는 것과 같은 이유입니다. 처음 체스를 배울 때부터 반드시 익혀야 하는 것은 아니더라도 기보법을 익힌 다음, 이를 통해 자주 복습하다보면 어느새 눈에 띄게 향상된 자신의 실력에 놀라게 될 것입니다.

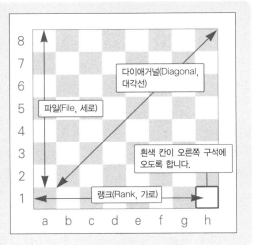

이번에는 각 기물들의 이름을 표시하는 방법과 각각의 기물에 할당된 점수에 대해 알아보겠습니다. 킹(King)은 K, 퀸(Queen)은 Q, 룩(Rook)은 R, 비숍(Bishop)은 B, 나이트(kNight)는 K가 아니라 N으로 표시합니다. 왜냐하면 K를 킹이 사용하고 있으니까요. 폰(Pawn)의 경우 따로 이름을 표시하지 않고 해당 위치만 표시합니다.

기물의 캐릭터	♚♔	♛♕	♜♖	♝♗	♞♘	♟♙
기물(말)	킹 (King)	퀸 (Queen)	룩 (Rook)	비숍 (Bishop)	나이트 (kNight)	폰 (Pawn)
표시	K	Q	R	B	N	없음
이동	✳	✳	✛	✕	✳	↑
점수	4점	9점	5점	3점	3점	1점

그리고 각각의 기물은 해당되는 점수가 있습니다. 이 점수를 가지고 각 기물의 가치를 알 수 있는 것이죠. 그렇다면 기물이 움직인 것을 기술하는 방법이 따로 있겠지요? 생각보다 쉽습니다. 먼저 무엇을 움직였는지를 킹은 K, 퀸은 Q와 같이 대문자로 표시합니다. 그 다음에 도착하는 자리의 가로 위치인 파일(소문자)을 적은 다음에 세로 위치인 랭크(숫자)를 적게 되지요.

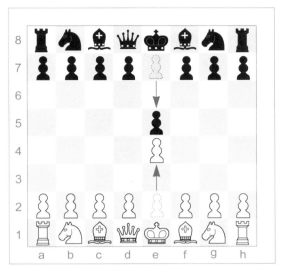

▲ e4 e5 : 폰이 움직였음을 알려줍니다. 먼저 흰색 폰의 위치를 기술한 다음, 검은색 폰 위치를 적습니다.

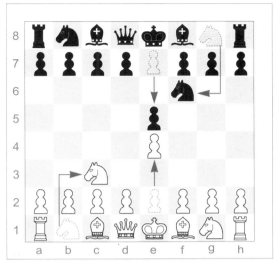

▲ Nc3 Nf6 : 흰색 나이트가 c3 자리로 가고 검은색 나이트는 f6 자리로 갔다는 것을 표시합니다.

그럼 가려고 하는 자리에 다른 기물이 있어 이 기물을 잡았다는 것을 표시할 때라든지 혹은 어떤 기물이 어디로 갔다라는 것을 표시할 때는 어떻게 기술할까요? 어떤 기물을 잡았다면 ×로 표시합니다. 그 외에 +, # 등의 표시가 더 있습니다. 이 부분은 꾸준히 기보법을 사용하다보면 익힐 수 있습니다.

폰은 기물 표시(대문자)는 생략하고 잡을 때만 있던 자리의 파일을 표시해준답니다.

기보 표시 기호를 좀더 알고 싶다면? ---------------------------- TIP

구체적인 기보 표시는 다음과 같습니다.

이름	표시	이름	표시	이름	표시
체크	+	잡음	×	체크메이트	#
				확실하지 않음	∞
앙파상	e.p.	앞에서 둔 수	…	재미있는 수	!?
좋은 수	!	나쁜 수	?	캐슬링	킹 사이드	0-0
아주 좋은 수	!!	아주 나쁜 수	??		퀸 사이트	0-0-0

① 흰색 퀸이 검은색 룩을 잡을 경우 : Q×b5
② 흰색 비숍이 검은색 나이트를 잡을 경우 : B×f6
③ 흰색 폰이 한 칸 앞으로 나갈 경우 : g3
④ 흰색 폰이 검은색 폰을 잡을 경우 : g×f3

2. 일단은 성으로!(캐슬링, Castling)

"빨리 도망치란 말이야!"

킹을 다른 곳으로, 대신 룩을 그 자리로 옮겨 방어를 할 때 사용합니다.

캐슬링(Castling)은 킹을 안전한 곳으로 옮기기 위해서 킹과 룩의 위치를 바꾸는 것을 말합니다. 옛날 왕들이 위험할 때 성으로 피난을 가기도 하듯이 킹을 가운데보다는 안전한 한쪽 구석으로 피신시키고 룩은 상대적으로 움직임이 구석보다 편한 가운데로 옮겨 마음껏 싸울 수 있도록 하기 위해서입니다.

캐슬링은 왼쪽이나 오른쪽 그 어느 쪽이든 상관없이 킹을 먼저 두 칸 이동시키고 룩은 킹을 넘어서 킹 옆에 놓여 있어야 합니다. 이러한 움직임으로 킹과 룩을 동시에 움직이는 거죠. 즉, 오른쪽이나 왼쪽으로 두 칸을 움직이고 룩을 킹이 움직인 그 사이의 칸에 가져다 놓는 것을 말하며, 이것이 한 번의 움직임으로 간주됩니다.

이러한 캐슬링을 항상 할 수 있는 것은 아닙니다. 캐슬링이 안 되는 네가지 규칙이 있답니다. 첫째, 킹과 룩 사이에 다른 기물이 있거나 둘째, 킹이 공격당하고 있거나 셋째, 캐슬링하는 킹과 룩 사이가 공격을 받고 있으면 안 돼요. 마지막으로 넷째, 킹이나 룩이 한 번이라도 움직였다면 다시 제자리로 돌아와도 캐슬링을 할 수가 없습니다.

킹이 지나는 칸들이 적으로부터 공격을 받고 있다면 캐슬링을 못한다구요? --- TIP

쉽게 말해 왕이 성 안으로 들어가려는데 그 중간에 적들이 숨어서 공격을 하기 위해 매복을 하고 있다면 당연히 위험하겠죠? 그와 같은 논리로 킹이 지나는 칸이 상대방에게 공격당한다면 캐슬링을 할 수 없습니다.

3. 변신!(프로모션, Promotion)

"변신 완료! 이제 적들을 물리치자!

원하는 기물로 폰을 변신시켜 사용할 수 있습니다.

폰(Pawn)의 예외적인 규칙으로 폰이 적진 끝까지 도착하면 그 공로를 인정해서 킹을 제외한 어떠한 기물로도 변신할 수 있습니다. 퀸이 살아 있다구요? 상관없습니다. 가장 인기 있는 퀸이 살아 있다 해도 퀸을 또 만들 수 있고 8개의 폰이 살아 있고 이를 적진 끝까지 도착하도록 만들었다면 도착한 모든 폰들 또한 원하는 기물로 바꿀 수 있습니다. 한 칸 한 칸 움직이는 폰이 끝까지 도착해 여러 개의 다른 기물을 만들 수 있기 때문에 폰의 변신은 매우 매력적인 특별 규칙입니다.

퀸으로 변신하려고 할 때, 퀸이 아직 살아 있다면 폰 2개를 같이 놓거나 룩을 뒤집어서 표시할 수 있습니다.

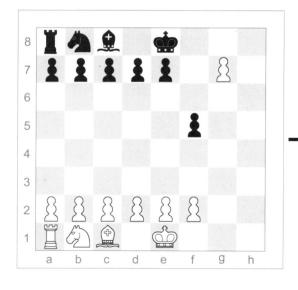
→
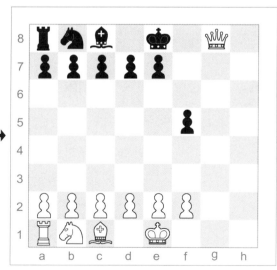

변신(정식 명칭은 진급, 승진이라는 뜻의 프로모션이라고 합니다)을 하면 많은 사람들이 퀸으로 바꾸는데 왜 그럴까요? 그건 퀸이 여러모로 유용하기 때문이랍니다. 그렇다고 다른 기물로 바꿀 수 없는 것도 아니에요. 상황에 맞는 다른 기물로 변신할 수 있다는 거 꼭 기억하세요.

4. 통과 도중에(앙파상, En Passant)

"흐흐─내 옆으로 오는 녀석을 조용히 처리해 주지"
처음 움직이는 폰을 쉽게 잡을 수 있어요.

폰과 폰만의 규칙이랍니다. 옛날 체스의 경우는 시작할 때 폰이 두 칸을 갈 수 없고 한 칸만 갔었는데, 두 칸을 갈 수 있게 되면서부터 생긴 규칙입니다. 사실 이 규칙은 체스를 처음 배우는 사람들에게는 그리 중요한 규칙이 아니에요. 꼭 해야 하는 것도 아니고 어쩔 때는 앙파상을 해서 나쁜 경우도 있기 때문에, 이런 걸 제대로 구분할 줄 알아야 하는데 어렵거든요. 그래도 체스에서는 중요한 규칙 중에 하나인 만큼 꼭 기억하세요.

검은색 비숍이 흰색 나이트를 잡으려 하고 있어요. 그래서 흰색 폰이 f4로 가서 나이트를 지켜주는 것이랍니다.

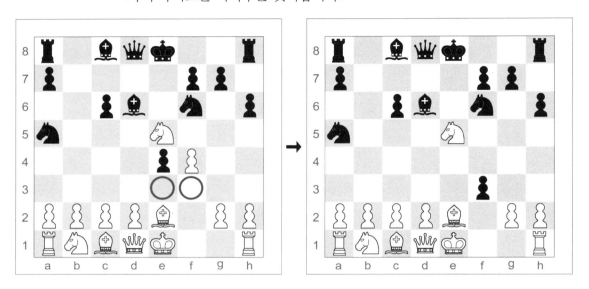

검은색 폰이 움직일 수 있는 곳이 두 곳으로 표시되어 있죠? 원래는 대각선으로 잡을 때만 가는 거잖아요. 지금은 상대방 폰이 없는데도 갈 수 있는 것은 앞에서 배운 앙파상 때문이지요. 결국 대각선으로 가서 폰을 잡는데, 이러한 것을 앙파상이라 부르고 (e.p.)으로 표시합니다. 앙파상은 상대방이 두 칸 움직였을 때 대각선으로 잡을 수 있는 폰이 있어야만 잡을 수 있어요. 상대방 폰이 두 칸 움직였을 때 바로 잡지 않으면 다음 차례에는 잡을 수 없기 때문에 잡고 싶으면 상대방 폰이 두 칸 움직인 후 바로 잡아야 해요. 하지만 꼭 잡아야 하는 건 아니니까 잘 생각해 보고 움직이세요.

5. 왕을 공격하라!

> "항복하라!"
>
> 체크는 '킹이 공격당하니까 피하세요!' 라는 일종의 경고이며 체크메이트는 킹을 옴짝
> 달싹할 수 없는 상태로 게임을 끝낼 때 사용합니다.

항복(체크, Check)

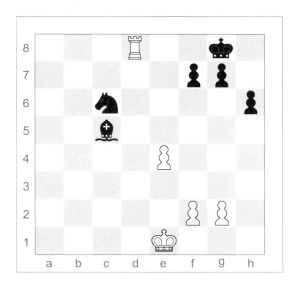

　지금 상황은 검은색 킹이 흰색 룩에게 잡힐 수 있는 상황이기 때문에 '체크'라고 합니다. 이때 킹을 피하거나 룩을 잡든지 아니면 다른 기물로 막아 (여기서는 비숍으로 막을 수 있죠.) 킹이 잡히지 않도록 해야 합니다.

　모든 게임에서는 상대방 우두머리를 잡으면 승리하게 되지만 체스는 신사적인 게임이라 상대방의 우두머리는 건드리지 않는 게 예의입니다. 만약 상대방이 체크임에도 자신의 킹이 잡히도록 방치하는 실수를 하게 되면 그런 상황을 알려주어야 합니다.

게임 오버(체크메이트, Checkmate)

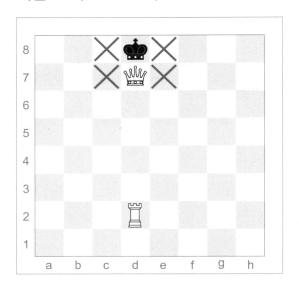

킹이 '체크' 상태에서 공격을 당하면 더는 피할 곳도 없고, 막거나 공격하는 기물을 잡을 수도 없어 결국 킹이 잡힐 수밖에 없는 상태를 체크메이트라고 해요. 즉, 체크를 벗어날 수 없는 상황이 체크메이트인 것이죠. 체크메이트는 킹이 잡혔으니 게임에서 졌다는 것을 의미하며 상대방의 킹을 메이트시키는 경우 다른 기물들이 아무리 많거나 혹은 다음 수에 자신이 상대방을 체크메이트할 수 있더라도 당연히 지게 됩니다.

대표적인 체크메이트로는 룩 2개를 이용하는 방법이 있습니다. 한쪽의 룩이 킹이 움직이고자 하는 길목을 막고 나머지 하나의 룩이 킹을 직접 공격하는 것입니다.

결국 체크메이트 상태가 되면 더는 게임을 진행할 수 없게 되므로 가급적이면 미리 대비를 하는 것이 좋습니다. 예를 들어 '백(Back) 랭크 체크메이트'의 경우 체스판의 가장 마지막 줄에서 체크메이트를 당하는 상태를 말합니다. 이를 막기 위해 폰 하나를 미리 전진시켜 상대방이 공격을 하더라도 킹이 피할 수 있는 길을 만들어 두는 것처럼 만일을 대비하는 습관을 들이는 것이 좋습니다.

6. 무승부(드로, Draw)

"다음 기회에 다시 승부를 가리자"

체스에서는 무승부가 종종 일어납니다.

체스 규칙에서는 무승부에 관한 것들이 많아요. 그러므로 상대방이 아무리 강하다고 하더라도 무승부를 만들 수도 있고, 반대로 내가 무승부를 당할 수도 있으니 어떠한 경우에 무승부가 되는지 잘 알아두세요. 그럼 무승부가 되는 경우에 대해서 알아볼까요?

기물 부족에 의한 무승부

양쪽 모두 체크메이트를 부를 수 있는 기물이 없을 경우 무승부가 됩니다. 어떤 경우가 있느냐고요? 킹 대 킹, 킹과 비숍 대 킹, 킹과 나이트 대 킹, 킹과 나이트 2 대 킹이 대표적인 경우입니다. 비숍은 대각선으로만 움직이니까 당연히 킹이 피할 수 있겠죠? 나이트도 마찬가지입니다. Y자 모양으로만 움직이기 때문에 역시 상대방 킹이 피할 수 있는 것입니다.

반복수 무승부

반복에 의해, 정확히 똑같은 상황이 3번 벌어졌다면 3번 둔 쪽에서 비겼음을 주장할 수 있습니다.

킹이 h1 자리에 있을 때 퀸이 f1 자리로 가서 체크를 하면 킹은 다시 h2 자리로 피할 수밖에 없겠지요? 그럼

퀸은 f2 자리로 가게 되고 다시 킹이 h1 자리로 옮기게 됩니다. 이처럼 킹은 h1과 h2 자리를 번갈아 가면서 체크를 부르게 되는데 킹은 여기서 빠져나오거나 다른 방어를 할 수 없게 되므로 세 번째 같은 자리로 움직일 경우에는 무승부가 되는 것을 말합니다.

치사하다! 반복수를 이용해 무승부를 만든다고? ----------------- TIP

> 만약 지고 있는 상대방 입장에서 최선의 수를 생각해 본다면 지는 것보다는 비기는 것이 더 나은 선택이겠죠? 그래서 이런 움직임을 치사하다고만 할 수는 없어요. 무승부도 엄연한 전략이니까요. 따라서 게임을 이기고 있을 때는 상대방이 무승부를 할 수도 있다는 것을 염두에 두면서 게임을 해야 합니다.

50수 무승부

50수 이상 폰의 움직임이나 기물을 잡는 경우 없이 서로가 움직였을 경우를 말합니다. 50수 동안 움직임을 알기 위해서는 기록이 필요합니다. 특히 이길 수 없는 모양이 아니라 하더라도 상대방이 경기를 끝낼 수 있는 능력 (이런 것을 메이트시킨다고 합니다)이 없어서 계속 게임이 진행이 될 때도 50수 무승부를 신청할 수 있어요. 단, 이럴 경우 기물 숫자의 변화가 50수를 둘 동안에 있어서는 안 됩니다. 중간에 퀸으로 변신(프로모션)을 하거나 상대방에게 기물이 잡히는 경우가 생기면 처음부터 다시 50수를 세기 시작해야 돼요.

스테일메이트(Stalemate)

남은 기물의 개수나 이에 해당되는 점수를 가지고 승부를 결정하는 사람들이 있는데 체스는 기물이 많고 적음으로 승부를 내는 것이 아니라 체크메이트를 할 수 없다면 게임은 무승부가 되는 것입니다. 이처럼 체크를 부를 수도 없으면서 동시에 더는 기물을 움직일 수도 없는 경우를 궁지에 몰렸다는 의미에서 스테일메이트라고 합니다. 역시 비기는 경우지요.

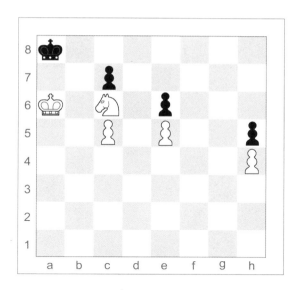 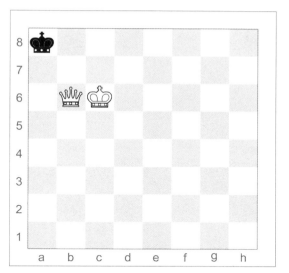

위와 같은 상황에서 검은색이 둘 차례라면 움직일 수 있는 방법이 하
나도 없습니다. 그러나 검은색 킹이 공격을 당하고 있지 않기 때문에 백
이 이겼다고 할 수도 없습니다. 이런 경우를 스테일메이트라고 합니다.

PART 3

이제 전쟁이다

CHESS

1. 전쟁의 서곡

전쟁을 시작하기 위해서 먼저 군대를 소집하고 무기를 점검하며 필요한 보급품을 챙기는 순서가 필요한 것처럼 체스에서도 시작과 끝을 하기 위한 기본 준비가 필요합니다. 무턱대고 게임을 시작한다면 상대방에게 이기는 것은 거의 불가능한 것이 바로 체스이지요. 하나하나 이기기 위한 기본적인 방법을 익히는 것이 체스를 잘 두는 비결이며, 여러분은 이러한 방법을 배우기 위해 지금까지의 기물의 움직임이나 캐슬링과 같은 규칙, 체스 보드의 기보법 등을 미리 익힌 것입니다.

구체적으로는 시작을 뜻하며 처음 시작부터 약 20번 정도 기물을 움직이는 과정인 오프닝(Opening)과 게임의 중간인 미들 게임(Middle Game), 이기기 위한 최종 마무리로 끝을 뜻하는 엔딩(Ending)을 이 장에서 배우게 됩니다.

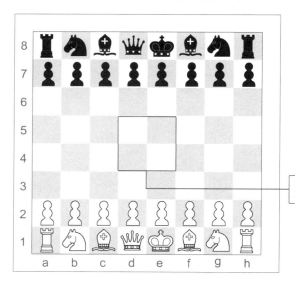

가운데를 먼저 차지하고 지키는 자가 승리한다.

게임의 시작인 오프닝에서 가장 주의할 것은 보드의 가운데를 먼저 차지해야 한다는 것입니다. 체스에서 사용되는 모든 기물들은 가운데를 중심으로 움직이기 때문이죠.

따라서 가운데를 먼저 차지하면 체스 보드의 어느 곳이든 움직이거나 상대방을 공격하기 쉬울 뿐만 아니라 상대방 기물들이 쉽사리 움직이지 못하게 견제하기 때문에 게임을 시작할 때 가운데를 미리 차지하는 작전은 절대적으로 필요합니다. 그래서 보통 게임의 시작인 오프닝은 가운데를 차지하고 자신의 기물들을 원하는 위치로 움직여 놓는 과정을 말합니다.

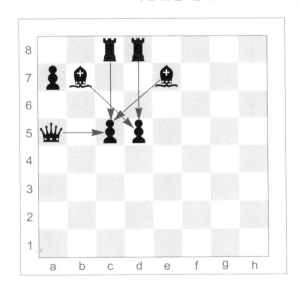

이처럼 가운데를 차지하고 서로 지원을 하면 쉽게 공격당하지 않습니다.

오프닝을 순조롭게 끝냈다면 이제 상대방 킹에 대한 공격을 준비하고 실행해 가는 과정인 미들 게임에 들어갑니다. 게임이 중간부에 들어가면 상대방을 공격하고 쉽사리 공격하지 못하도록 위협하는 데 신경을 써야 합니다. 킹이 공격당할 가능성이 높은 칸을 미리 수비해 놓아야 할 뿐만 아니라 공격하기 쉬운 자리로 기물들을 움직여 놓아 상대방을 압박하는 것이 좋습니다.

그런 다음 약한 기물들로 강한 상대방의 기물을 공격하는 방법도 하나의 방법이며, 2~3가지 공격을 함께해서 상대방이 제대로 방어하기 힘들게 하고 가급적 기물을 많이 잡아 놓는 것이 이기기 위한 방법입니다.

게임을 잘 마무리짓기 위해서는 상대방의 가장 큰 약점이 어딘지 정확히 파악하여 공격하는 것이 중요합니다. 킹도 공격과 수비 모두를 힘쓰는 것이 좋습니다. 킹은 공격하는 데 사용하지 않는다고 생각할 수 있지만, 킹을 잘 사용하는 사람이 엔딩에서 강하다고 할 수 있습니다. 그리고 상대방의 킹은 체스판의 구석으로 몰아 꼼짝하지 못하도록 합니다.

2. 선전 포고(오프닝, Opening)

1. 부대 출동!

"적군을 향해 진격하라!"

체스의 시작인 오프닝을 잘할수록 게임에 이길 확률도 높습니다. 오프닝 방법과 대처 방법을 잘 익혀 체스 실력을 향상시키세요.

체스판 가운데를 먼저 차지하라!

체스의 시작인 오프닝에서 특히 가운데 폰을 움직여 e4, e5 또는 d4나 d5 를 차지하려는 이유는 결국 자신이 움직일 수 있는 공간, 영향력을 발휘할 수 있는 공간을 넓히기 위해서입니다. 자신의 기물이 나가 있는 위치까지가 자기 땅이라고 할 경우 나이트나 그 외 큰 기물들은 위험하면 후퇴할 수도 있기 때문에 실제 세력을 발휘할 수 있는 위치라고 말하기는 어렵지만, 폰의 경우 후퇴할 수가 없으므로 세력의 의미를 가질 수 있답니다.

다시 말해 보통 폰으로 물론 상황에 따라서는 나이트로 e4, e5 및 d4, d5 의 가운데를 장악하고 자신이 움직일 수 있는 길을 여는 것이 첫 번째 단계입니다.

폰을 움직였으면 나이트를 출동시켜라!

폰을 이용해 자신이 사용할 공간을 아무리 넓혔더라도 그 땅을 지킬 만한 힘이 없다면 아무 소용이 없겠죠. 폰으로 가운데를 모두 지키도록 하기에는 폰의 힘이 너무 약하니까요. 그래서 나이트나 비숍을 움직여 그들의 힘을 이용해야 합니다.

특히 폰이 움직인 다음에는 비숍보다 나이트를 먼저 내보내는 것이 좋습니다. 왜냐하면 비숍은 여러 칸을 한꺼번에 움직일 수 있어 조금 늦게 출발해도 상관없지만 나이트는 똑같은 자리를 가더라도 여러 번 움직여 상대적으로 유용하게 사용할 수 있기 때문입니다. e4로 폰이 움직인 다음 나이트를 f3으로 움직이는 것이 중앙을 장악하는 가장 좋은 방법입니다.

서로 도울 수 있도록 비숍을 움직여라!

이제 보드 중앙의 d2와 e2에 있던 폰들을 d4와 e4로 두 칸 움직이고 b1과 g1의 나이트를 f3 및 c3으로 전진시키는 오프닝은 가운데를 통제하는 동시에 비숍의 길을 열어주기 위해서라는 것을 이미 알고 있습니다. 비숍의 경우 이들의 위치를 어디에 두느냐에 따라 가운데를 장악하거나 상대방의 치명적인 급소를 치는 방법 또는 급소를 공격하기 위한 작전이 조금씩 달라집니다. e4로 폰을 이동한 다음 나이트가 f3으로 이동하고 비숍을 c4로 이동해 나이트와 서로 도와 상대의 급소를 노리는 형태가 가장 기초적인 오프닝입니다.

오프닝의 기초 완성 캐슬링

아무리 공격을 잘하더라도 자신의 킹이 위험에 빠지면 상대방에게 과감한 공격을 하기가 힘들겠죠? 항상 킹의 안전을 생각하다보니 상대방을 공격하는데 전력하기가 쉽지는 않아요. 그래서 킹의 안전은 중요한 것이랍니다. 체스는 아주 작은 기회로도 승패가 결정되기 때문에 킹의 안전을 무시할 수는 없어요. 따라서 킹을 캐슬링하여 자신의 급소를 보호하는 것이 중요합니다. 그런 다음 룩과 룩이 서로 만날 때까지 나이트와 비숍, 퀸을 움직여 기본 형태를 구축합니다. 즉 폰과 나이트, 비숍을 움직인 다음 캐슬링을 하고 룩을 e1로 움직입니다.

모든 기물을 골고루, 정확하게 움직이기

오프닝에서는 필요한 기물을 골고루 움직여야 합니다. 만일 한 번에 가야 할 자리를 두 번에 나누어 간다거나 폰이 자리를 잘못 차지해 나이트나 비숍, 퀸, 룩의 길을 막는다면 게임에선 쉽게 질 수밖에 없습니다. 또한 상대방에게 공격받을 자리로 기물들을 움직이는 것 역시 상당히 좋지 않은 수입니다.

특히 폰은 오프닝에서 상당히 중요합니다. 물론 폰이 중요하다고 폰만 가지고 두거나 무조건 전진하게 되면 폰이 고립되어 상대방의 공격을 쉽게 받게 됩니다. 따라서 폰은 폰끼리 서로 도움을 받도록 해야 하며 폰은 앞으로만 나가기 때문에 폰과 폰이 위아래로 겹치는 상황을 만들지 않는 것이 좋습니다. 대부분의 경우 아래쪽의 폰은 다른 기물들에게 쉽게 잡히니까요.

즉, 폰이 같은 파일에 위아래로 있어서 서로 돕지 못하거나 옆의 폰이 죽어도 서로 돕지 못하는 상태 또는 폰 혼자 독자적으로 전진해 도와줄 수 없는 상태가 발생하지 않도록 해야 합니다.

가운데 있는 폰의 희생과 교환

오프닝에서 보드 중간의 폰을 서로 빼앗는 중앙 폰 교환은 서두르지 말고 상대방이 자신의 기물을 공격할 때까지 기다리는 것이 좋습니다. 특히 다른 기물을 이용해 상대방을 견제하고 있다가 상대방이 공격하게 하는 것이 좋고 상대방 기물이 먼저 공격할 경우 자신의 자리를 빼앗길 수 있으므로 나이트 등을 이용해 도움을 주는 것이 좋습니다. 보드의 중앙을 차지하는 가장 좋은 방법은 폰이 버티고 있는 것이며 작전 없이 폰을 서로 교환할 경우 중앙은 텅 비게 되면서 상대방의 집중 공격을 받게 됩니다.

체스에서 기물을 희생하는 이유는 여러 가지가 있습니다. 룩이나 퀸을 희생하는 것은 게임을 끝내기 위해서가 많고 나이트나 비숍 등을 희생할 경우 자리 확보를 위해, 폰의 경우는 다른 기물들이 움직이기 위한 길을 만들기 위해서입니다. 따라서 기물을 희생하는 작전은 정확한 수 읽기가 있어야만 가능합니다.

게임의 초반에는 퀸을 함부로 움직이지 않는다

게임이 시작될 때부터 퀸을 일찍 움직이게 되면 상대의 집중 공격으로 위험에 빠질 수 있으므로 되도록 퀸은 처음에는 움직이지 않도록 해야 합니다. 퀸은 오프닝에서 서로의 기물들을 주고받은 다음인 게임 중반 이후에 파괴력과 영향력이 더욱 막강해 지니까요. 따라서 퀸은 처음부터는 움직이지 않는 것이 좋으며, 움직이더라도 빨리 제자리로 돌아오는 것이 좋습니다.

게임 중반 이후 양쪽의 퀸을 이용한 공격과 특히 체크메이트를 부를 때 퀸은 매우 유용합니다. 중간 기물 등은 사용하지 않으면 가치가 떨어지지만 퀸은 사용하지 않더라도 자신의 전력의 반 이상을 잠재적으로 사용하고 있으므로 굳이 빨리 사용할 필요가 없는 것이죠. 퀸이 빠르게 사용될 경우는 확실한 목적이나 결과가 있을 경우입니다.

2. 기사여! 방어 태세 돌입

"전쟁은 시작되었다"

전략을 잘 짜고 이를 잘 활용하면 쉽게 이길 수 있어요.

두 명의 기사로 방어하기(투 나이츠 디펜스, Two Knights Defense)

게임 시작의 기본으로 오래된 오프닝의 하나이며 초보자들이 많이 사용하는 오프닝이기도 합니다. 단순한 것처럼 보이지만 그렇게 쉽지 않은 방법이며, 기물들의 움직임을 쉽게 이해할 수 있어요. 백 쪽이 더 유리하긴 하지만 방어를 위해서도 배워두는 것이 좋아요.

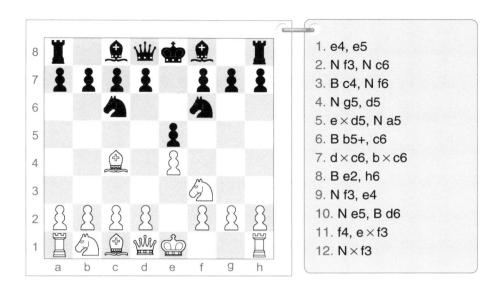

1. e4, e5
2. N f3, N c6
3. B c4, N f6
4. N g5, d5
5. e×d5, N a5
6. B b5+, c6
7. d×c6, b×c6
8. B e2, h6
9. N f3, e4
10. N e5, B d6
11. f4, e×f3
12. N×f3

먼저 양쪽의 폰이 e4와 e5로 움직입니다. 그런 다음 나이트가 f3으로 움직이며, 상대방 c6으로 나이트를 옮깁니다. 이제 흰색 비숍이 c4로 움직이면 검은색 나이트를 f6으로 옮겨 견제합니다. 백은 다시 나이트를 g5로 옮기며, 검은색은 폰을 d5로 움직입니다. 이제 흰색 폰이 d5로 움직인 검은색 폰을 잡으면 검은색 나이트는 a5로 자리를 옮깁니다. 그럼 비숍을 b5로 옮기며 체크를 부르면 이를 막기 위해 c6으로 폰을 옮깁니다.

이 때를 이용해 c6의 검은색 폰을 잡으면, 다시 검은색 폰은 c6의 흰색 폰을 잡습니다. 비숍은 e2로 이동하며 h6으로 폰을 이동시킵니다. 나이트를 f3으로 이동해 견제하면 이를 막기 위해 검은색 폰은 다시 e4로 이동하며 나이트는 e5로, 비숍은 d6으로 이동합니다. 그럼 흰색 폰은 f4로 이동하며 e3에 있던 검은색 폰이 다시 f3의 흰색 폰을 잡습니다. 그럼 f3의 폰을 흰색 나이트가 잡게 됩니다.

시실리안(Sicilian)

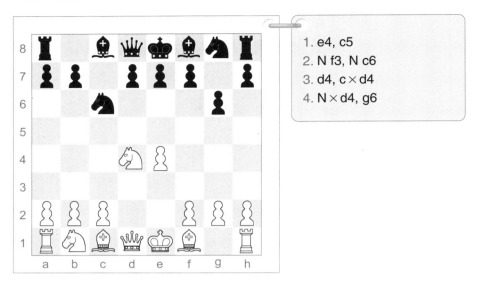

1. e4, c5
2. N f3, N c6
3. d4, c×d4
4. N×d4, g6

현재 흑의 입장에서 백의 e4의 폰 움직임에 c5가 제일 좋은 수라고 해요. 하지만 많은 사람들이 좋다고 해서 자기에게도 무조건 좋은 수라고 할 수는 없겠죠. 어떠한 오프닝이든 충분히 공부를 해서 자기 것으로 만들지 않으면 소용이 없으니까요. 물론 많은 연구가 뒷받침해 주듯이 검은색 c5의 수가 좋은 수인건 사실이랍니다. 다만 스타일하고 전혀 안 맞는 수라면 사용하기가 까다로울 수도 있다는 것을 명심하세요.

여왕의 책략(퀸즈 겜비트 억셉티드, Queen's Gambit Accepted)

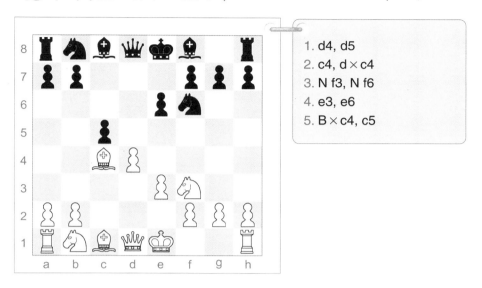

1. d4, d5
2. c4, d×c4
3. N f3, N f6
4. e3, e6
5. B×c4, c5

오프닝에서는 기물 하나하나가 중요하답니다. 물론 폰도 마찬가지이고요. 하지만 때로는 이러한 기물을 그냥 주면서 하는 오프닝도 있어요. 크고 힘센 퀸과 같은 기물을 주는 것은 아니고 가장 약하다고 볼 수 있는 폰 하나를 희생 하면서 시작하는 오프닝입니다. 이 오프닝의 경우 체스를 처음 하는 사람들에 게 추천할 만한 것은 아니지만 이러한 오프닝이 있다는 것을 알아두면 나중에 라도 도움이 될 수 있을 거에요.

그런데 왜 폰 하나를 그냥 주고 시작할까요? 그건 폰 하나를 잃는 대신에 좋은 위치를 얻기 위함입니다. 다시 말해 미들 게임에서 전투를 하는데 좋은 위치를 차지하기 위해서라는 것이죠. 폰의 가치는 경기의 마지막에서 나오므 로 오프닝에서 폰 하나를 손해보더라도 미들 게임에서 유리하게 게임을 진행 해서 이익을 보려고 하는 거지요. 처음 보는 오프닝들은 쉽지는 않겠지만 자 주 보고 또 자주 하다 보면 이해가 될 수도 있을 것입니다. 상대방이 공짜로 주는 폰은 잡을 수도 안 잡을 수도 있습니다. 그건 여러분의 선택에 달려 있 어요.

먼저 흰색 폰을 d4로 옮기면, 검은색 폰을 d5로 옮깁니다. 그럼 다시 백은 c4로 폰을 옮기며 d5에 있던 검은색 폰으로 c4의 폰을 잡습니다. 나이트를 f3으로 이동시켜 이에 대한 대비를 하게 되며, 검은색 나이트는 f6으로 옮깁니다. 다시 e3으로 흰색 폰을, e6으로 검은색 폰을 옮기고 흰색 비숍은 c4에 있던 폰을 잡습니다. 그럼 검은색 폰을 c5로 옮겨 이에 대한 방비를 합니다.

인디언 스타일로!(인디언 디펜스, Indian Defense)

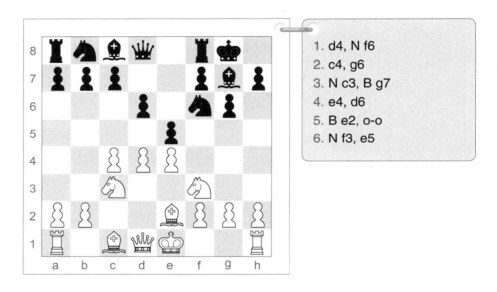

1. d4, N f6
2. c4, g6
3. N c3, B g7
4. e4, d6
5. B e2, o-o
6. N f3, e5

이 오프닝 방법은 산 속에 인디언이 숨어 있는 모양을 흉내냈다고 해서 붙인 이름이라고 합니다. 비숍을 처음부터 사용하는 것이 아니라 조용히 숨겨두었다가 어느 순간에 나타나 가운데를 공격하거나 혹은 더 멀리까지 공격을 하게 하는 방법으로, 상대방이 이 오프닝을 사용하는지 미리 파악하고 있어야 한답니다.

원래 이 방법은 옛날 폰이 한 칸만 움직일 수 있을 때 만들어진 오프닝인데 아직까지 사용되고 있습니다. 그만큼 비숍의 대각선 움직임이 좋아서겠지요. 다양한 움직임의 오프닝들이 많이 있으니 자신에게 맞는 오프닝을 골라 사용해 보세요.

루이 로페즈(Ruy Lopez)

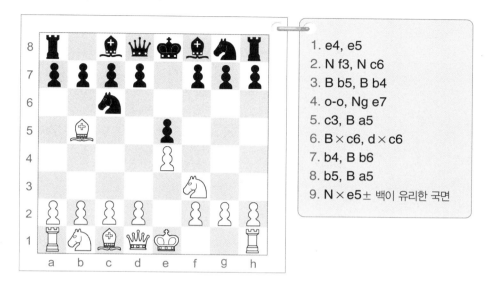

1. e4, e5
2. N f3, N c6
3. B b5, B b4
4. o-o, Ng e7
5. c3, B a5
6. B×c6, d×c6
7. b4, B b6
8. b5, B a5
9. N×e5± 백이 유리한 국면

    스페인 출신의 가톨릭 신부인 로페스가 고안한 것으로, 검은 쪽의 킹을 직접적으로 압박하는 방법으로 유명한 이 오프닝은 16세기에 개발되었음에도 세계 챔피언이 게임에서 유용하게 사용할 정도로 현재에도 상당한 인기가 있습니다. 이 수는 백 쪽에게 유리한 형태로 연구가 많이 이루어져 있어 수의 변화가 많으며 상대방에게 지속적인 공격을 할 수 있는 만큼 흑도 이에 대한 변화 수가 많으니까 많은 대비가 필요합니다.

    흰색 폰은 e4로, 검은색 폰은 e5로 이동합니다. 그럼 흰색 나이트는 f3으로, 검은색 나이트는 c6으로 옮깁니다. 기본적으로 상대방의 폰을 견제함과 동시에 이를 막기 위해서죠. 이제 흰색 비숍을 b5로 이동합니다. 그럼 b4로 검은색 비숍을 이동해 검은색 나이트로 이를 보호하면서 상대방을 견제할 수 있게 되겠지요. 그럼 백 쪽은 캐슬링을 하고 또 다른 검은색 나이트는 e7로 옮긴 다음 c3으로 흰색 폰을 옮기고 검은색 비숍은 a5로 옮기게 됩니다. 이때 비숍은 c6의 나이트를 잡고 이를 막고자 폰으로 다시 비숍을 잡습니다. 흰색 폰은 b4로 옮기고 검은색 비숍은 b6으로 옮깁니다. b5로 폰을 또 다시 옮기면 검은색 비숍은 a5로 옮깁니다. 그럼 나이트는 e5로 옮기면서 폰을 잡으면 백 쪽이 절대적으로 유리하게 게임의 방향이 흐릅니다.

3. 종전(엔딩, Ending)

1. 게임 끝내기

쉽게 끝내기

아래의 그림들은 메이트를 시키는 기본적인 모양이랍니다. 쉬워 보이죠? 기본적인 메이트 방법은 그다지 어렵지 않아요. 하지만 보기에는 쉬울지 몰라도 실제로 그 방법을 정확히 모른다면 헤매다 끝날 수도 있어요. 가장 쉽고 편리하게 끝내는 방법은 결국 킹의 약한 곳을 찾아서 공격하는 것이랍니다. 거기에 상대방의 킹이 도망갈 수 있는 자리를 최소한으로 줄이는 것도 하나의 목표이지요.

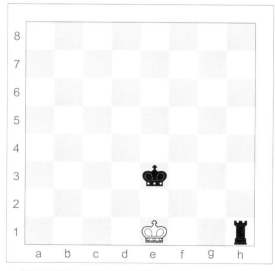

▲ 룩으로 메이트시키는 기본 모양

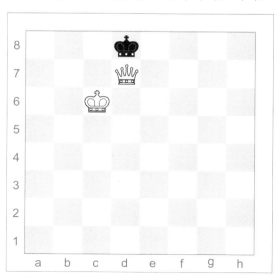

▲ 퀸으로 메이트시키는 모양

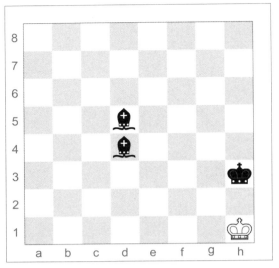

▲ 더블 비숍으로 메이트시키는 모양

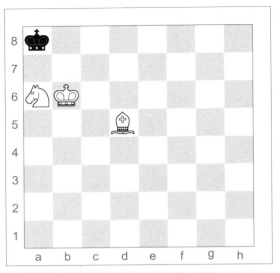

▲ 나이트와 비숍의 조합으로 메이트시키는 모양

가장 쉽게 끝내는 방법

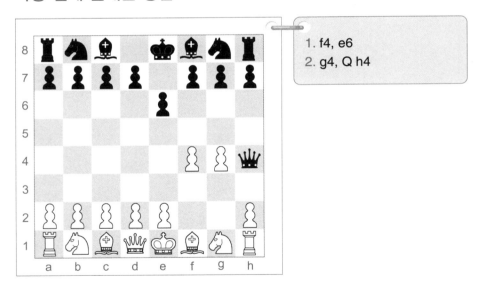

1. f4, e6
2. g4, Q h4

흰색 폰이 f4로 옮기자 검은색 폰이 e6으로 나왔네요. 그러자 흰색 폰은 다시 g4로 옮기고 이에 대응해서 검은색 퀸이 h4로 옮겼습니다. 체크메이트 가 되었네요.

체스 게임에서 나올 수 있는 가장 짧은 메이트는 몇 수일까요? 정답은 두 수입니다. 그런데 체크메이트를 하기 위해서는 충분한 계획을 세워야 해요. 하지만 위와 같은 경우는 계획을 세우는 것과는 상관이 없이 상대방이 실수를 해서 만들어졌기 때문에 메이트를 시킬 수 있는 기회가 생긴 것이지요. 이렇듯 메이트를 만드는 데 있어 자신이 전혀 생각하지 않은 모양이 나올 수도 있어요. 똑같은 모양은 아니더라도 비슷한 모양은 하수들 사이의 게임에서 나타나기도 하지요.

기초적인 전략으로 메이트시키기

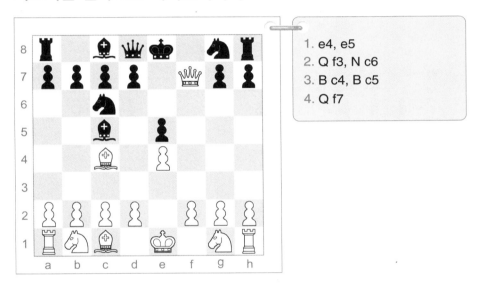

1. e4, e5
2. Q f3, N c6
3. B c4, B c5
4. Q f7

흰색 폰이 e4로 옮기자 e5로 검은색 폰이 옮겨 가 길목을 차단했습니다. 그러자 흰색 퀸을 f3으로, 이에 대응하여 검은색 나이트가 c6으로 출동했군요. 그러자 흰색 비숍을 c4로 옮기게 되었고, 상대방은 다시 c5로 비숍을 나오게 했습니다. 그러자 검은색 퀸을 f7로 옮겼지요.

앞서 설명했었던 단수 메이트 중의 하나에요. 보통 체스에서 단수 메이트는 하지 말라고 이야기를 하기도 하는데, 그 이유는 체스를 잘하는 사람들은 이런 수에 잘 걸리지 않기 때문이죠. 다만 체크메이트가 무엇인지 이해하기 쉽고, 기억에도 오래 남다 보니 종종 사용하는 수이긴 하지만 각 기물들의 움직임만 봐도 상대방이 쉽게 눈치를 챌 수도 있는 그런 수입니다. 가끔 초보자들의 경우 이 방법에 걸리기도 하는데, 그 이유는 상대방 기물들의 움직임을 보지 않기 때문이에요.

넓은 의미의 체크메이트시키기

체크메이트를 하려면 계획을 잘 세워야 해요. 아무렇게나 막 하다보면 메이트가 되는 경우도 있기는 하지만 그 가능성은 정말 희박하겠지요. 그러니까 체크메이트를 만드는 과정은 항상 염두에 두고 있어야 합니다. 아래 그림은 상대방의 잘못된 방어를 무너뜨려서 체크메이트를 만드는 방법 중 하나입니다.

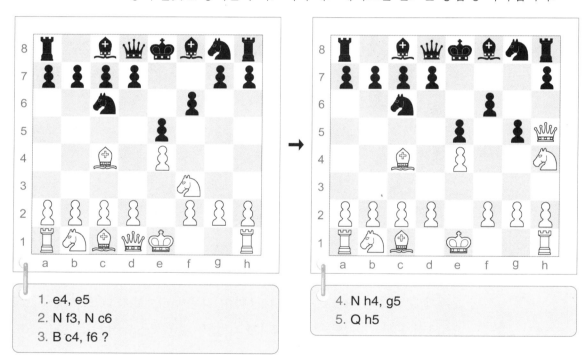

1. e4, e5
2. N f3, N c6
3. B c4, f6 ?

4. N h4, g5
5. Q h5

검은색 폰이 f6으로 움직였는데 이유는 간단해요. 흰색 나이트가 g5 자리로 못 오게 하려는 것이죠. 단지 흰색 나이트의 움직임을 방해하는 이유라면 정말 좋은 수일 겁니다. 하지만 검은색 폰은 실수를 했어요. 흰색 나이트의 움직임을 방해하려다 자기 킹의 안전에 문제가 생겼습니다. 킹의 대각선 라인이 열려 버렸네요. 이렇게 킹의 대각선 라인이 열리면 공격을 받을 수도 있으므로 항상 조심해야 합니다.

원래 흰색 나이트는 g5로 옮기려고 했을 거에요. 하지만 상대방의 기물에 의해서 좋은 자리의 위치가 바뀌었답니다. 이렇게 좋은 자리나 나쁜 자리는 자신의 기물말고도 상대방 기물에 의해서 바뀌는 경우도 상당히 많아요. 지금의 흰색 나이트는 f5 자리가 좋은 자리입니다. 흰색 나이트는 f5 자리로 가기 위해서 h4로 움직이지만 흑으로서는 흰색 나이트의 움직임이 신경이 꽤 쓰일 겁니다.

상대방의 공격에 대한 기본 방어법은 피하기, 막기, 잡기에요. 물론 이외에도 상대방의 공격에 대해서 방어할 수 있는 방법은 많아요. 대표적으로 공격하는 기물보다 더 크고 센 상대방의 기물을 공격하는 것이죠.

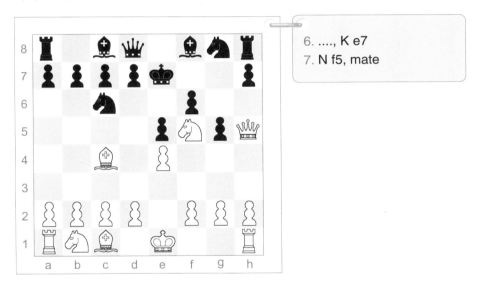

6. ...., K e7
7. N f5, mate

결국 메이트가 되었어요. 메이트시키는 공식화된 과정이 있다고 해서 모두 메이트를 만들 수 있는 것은 아니에요. 여러 상황을 고려해 볼 수도 있고, 상대방의 방어에 따라 다른 공격을 해야 할 때도 있지요. 중요한 것은 어떻게 메이트를 시킬 것인가 생각을 하는 데 있어요. 메이트를 시키고자 할 때 꼭 생각해야 하는 것은 우선 킹 주변을 살펴보아야 합니다. 그리고 그중에서 어디를 공격하기 쉬운지 파악하고 가장 약한 곳을 먼저 공격하는 것이지요. 메이트를 시키는 기본은 상대방의 킹을 공격하는 데 있다는 것을 꼭 기억하세요.

2. 승전으로 끝내기

"이기기 위해 모든 방법을 동원해야 한다"

상대방이 눈치채지 못하는 약점을 계속 공격하고, 필요할 경우 다른 곳을 공격해 시선을 다른 곳으로 돌리는 등의 노력도 필요합니다.

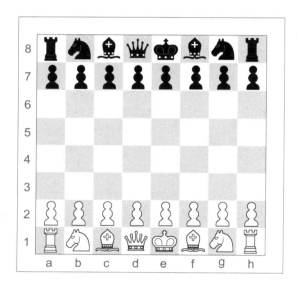

약점을 공격하자

위 그림에서 약한 곳은 어디일까요? 공격을 할 때는 상대방의 약한 곳을 찾아서 공격하는 것이 좋아요. 성공할 확률이 높으니까요. 강한 곳을 공격하다보면 자신의 기물을 많이 잃을 수도 있고 자칫 실패할 경우 게임을 이기기가 어려워집니다. 그래서 약한 곳을 찾아서 공격해야 하는데 어디가 약한 곳인지 잘 모르겠지요? 자, 그럼 약한 곳을 찾아봅시다.

킹 주변이 약한 곳

왜 킹 주변이 약한 곳일까요? 그것은 그곳이 계속 공격을 당하기 때문이에요. 물방울이 한 방울 두 방울 떨어지는 곳을 보면 단단한 돌도 흠이 생기는 것과 마찬가지로 공격을 계속 당하는 곳은 약해질 수밖에 없어요. 60쪽의 그림에서 흑이 약한 곳은 d7과 e7, f7이 되겠군요. 그렇다고 해서 세 곳이 모두 동일하게 약한 곳은 아니에요. 그 중에서도 가장 약한 곳은 있기 마련이죠.

지켜주는 기물이 가장 적은 곳

d7이나 e7은 4개의 기물이 지켜주고 있네요. 이 곳을 공격해서 상대방에게 피해를 주려면 더 많은 기물들이 공격을 해야 하는데 이렇게 하기가 쉬운 일은 아닐 겁니다. 하지만 f7은 지켜주는 기물이 하나밖에 없으니까 상대적으로 공격하기가 쉬운 곳이 될 겁니다. 단, 항상 그곳이 약한 것은 아닙니다. 얼마든지 약한 곳은 변할 수 있기 때문이죠. 어떤 자리를 지켜주는 기물들이 가급적 적은 곳이 가장 약한 곳일 가능성이 높다는 것을 꼭 기억하세요.

마지막으로 공격은 어떻게 해야 할까요? 무작정 그냥 공격했다가는 실패할 가능성이 높을 겁니다. 따라서 공격을 하고자 하는 자리를 방어하는 상대방 기물보다 자신이 공격하는 기물이 하나 정도 더 많으면 공격하기 가능한 자리가 됩니다. 즉, 수비 측의 기물이 1이라면, 공격 측은 2개의 기물로 공격하면 된다는 것이죠. 그런데 왜 상대방의 기물보다 둘 또는 셋 등과 같이 훨씬 많은 수의 기물이 아니라, 단지 1개의 기물만 더 있으면 공격하기 쉬울까요? 그것은 둘 이상은 큰 의미도 없을 뿐더러 많은 기물이 공격에 가담하게 되면 공격하려는 의도를 상대방에게 들켜서 공격하기도 전에 실패할 수 있기 때문이에요.

더블 룩에 대한 엔딩 수순

　　메이트를 시키는 데 가장 쉽고 기본적인 방법이 바로 2개의 룩을 이용하는 방법이랍니다. 가장 기초가 되는 메이트이므로 알고 있는 것이 좋아요. 위의 그림에서 검은색 킹은 더 이상 7랭크 아래로 내려갈 수 없어요. 당연히 h7의 흰색 룩 때문이지요. 그렇기 때문에 h7의 룩을 이용해 체크를 부르면 안 될 겁니다. 검은색 킹이 도망갈 수 있기 때문이지요.

　　결국에는 다른 하나의 룩으로 체크를 불러야 하는데 이때 어느 방향으로 체크를 불러야 하는지 잘 생각해 봐야 합니다. 정답은 g6의 룩으로 g8로 가서 체크를 부르는 것이에요. 이처럼 체크메이트를 만들기란 쉬우면서도 참 어려워요. 그렇기 때문에 더블 룩에서의 엔딩은 어떤 룩으로 체크를 부르는 게 더 좋은지 많은 고민을 해야 해요. 한 수면 끝날 게임에 많은 시간을 허비해서는 안 되겠죠?

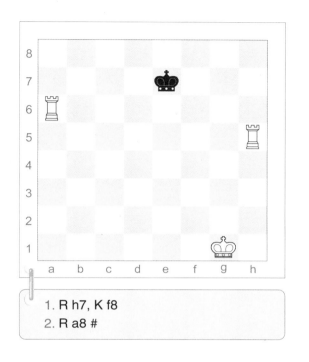

1. R h7, K f8
2. R a8 #

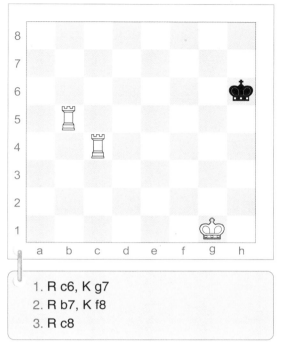

1. R c6, K g7
2. R b7, K f8
3. R c8

킹 앤 룩 엔딩(King and Rook Ending)

 룩하고 킹을 가지고 체크 메이트를 만드는 것이 물론 쉬운 일은 아니지요. 하지만 이 방법을 사용해야 하는 경우도 꽤 많이 나오기 때문에 알아두어야 하는 방법이랍니다. 잘 따라하면 금방 배울 수 있을 거에요. 킹 룩 메이트 공식을 배우고 나면 몇 번이고 연습해야 진짜 게임에서도 메이트를 쉽게 시킬 수 있다는 거 명심하세요.

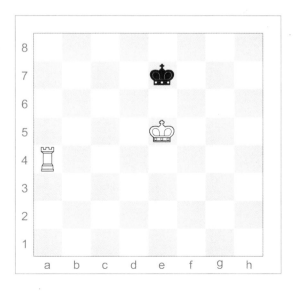

우선 킹 룩 메이트에서 중요한 것은 체크를 부를 수 있는 기물은 룩뿐이라는 겁니다. 그렇기 때문에 킹이 할 수 있는 일이라고는 상대방 킹의 길을 막는 역할만 남게 되겠지요. 서로 엇갈리지 않은 채 킹의 길을 막기 위해서는 킹들이 서로 마주 볼 때만 룩으로 체크가 가능하다는 것을 잊어서는 안 됩니다.

그럼 어느 자리에서 메이트를 하기 쉬울까요? ------------------------ TIP

대부분의 메이트는 가운데보다는 마지막 줄(파일, 랭크 포함)에서 메이트가 쉬워요. 물론 a1과 같은 구석에서의 메이트는 더 쉽죠. 따라서 상대방 킹을 메이트시키기 쉬운 쪽으로 자꾸 몰아넣는 것이 요령입니다.

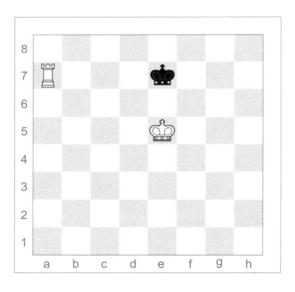

흰색 킹이 검은색 킹의 나오는 길을 모두 막고 있지요. 이럴 때는 룩으로 체크를 해야만 검은색 킹이 뒤로 물러납니다. 이런 식으로 계속 반복해서 킹을 맨 마지막까지 몰고 가야 합니다.

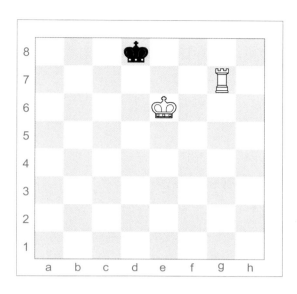

이런 상황에서 백 차례라면 룩으로 체크를 하거나 흰색 킹이 검은색 킹 앞으로 가면 안 됩니다. 이때는 흰색 룩을 오른쪽 옆으로 한 칸 움직여야 해요. 그래야만 상대방 킹이 마주 보게 움직일 겁니다.

킹과 룩의 메이트는 이런 모양의 메이트가 된답니다. 어떤 위치에, 어떻게 놓여 있더라도 메이트를 시키는 방법은 같아요. 약 20수 정도면 킹 룩 메이트는 가능합니다. 킹 룩 메이트는 그리 어려운 수가 아니니까 혹시 이해가 안 되면 반복해서 익숙하게 만드는 것이 좋아요. 체스 게임의 메이트는 이해하는 것이 아니라 공식이나 모양을 외우는 것이 요령입니다.

폰 엔딩(Pawn Ending)

모든 엔딩이 중요하겠지만 특히 폰 엔딩은 매우 중요해요. 나이트나 비숍 하나만 있을 때는 이길 수 없었던 게임이 폰 하나의 위치에 따라 게임의 승패가 갈리기도 하기 때문이죠. 물론 폰 자체만을 가지고 이길 수 있는 것은 아니고, 폰이 룩이나 퀸으로 변신(프로모션)해서 이기는 것인 만큼, 결국 변신할 수 있느냐 없느냐가 중요한 것이지요. 폰 변신의 기본 방침은 절대로 폰이 킹보다 앞서 나가면 안 된다는 것이에요. 킹과 같은 파일에 있거나 킹보다 폰이 먼저 나가게 되면 무승부가 될 가능성이 높아진다는 점을 주의해야 합니다.

흰색 폰부터 움직여서는 안 되겠죠.

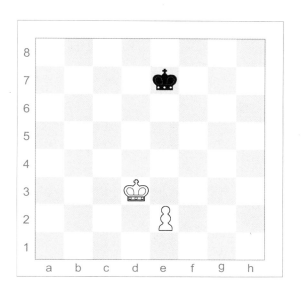

기본 방법은 흰색 폰보다 흰색 킹이 앞에 있어야 해요.

이 상태에서는 흰색 킹이 움직이는 쪽으로 검은색 킹이 따라 움직이기 때문에 순서를 바꾸려면 흰색 폰을 한 칸 움직여야 합니다.

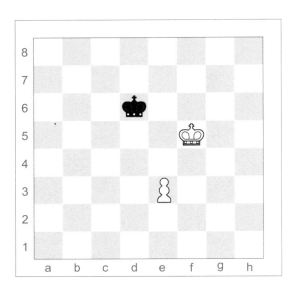

상대방 검은색 킹이 움직이는 반대쪽 대각선으로 킹을 이동시킵니다. 이렇게 해서 계속 전진해 나가는 거죠.

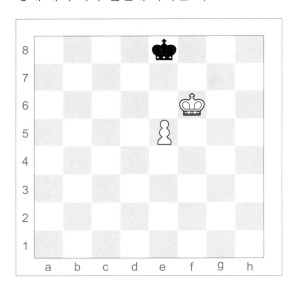

이 상황에서 흰색 폰을 움직이면 검은색 킹이 흰색 킹 앞으로 가게 되면서 비기게 됩니다. 따라서 흰색 킹을 움직여 상대방의 검은색 킹이 따라 움직인다면 다시 반대쪽 대각선으로 흰색 킹을 움직입니다.

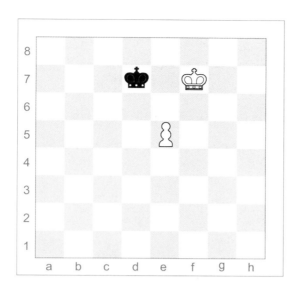

흰색 킹이 폰을 안전하게 지킬 수 있는 자리를 차지했습니다. 위와 같은 킹 위치에서는 흰색 폰만 올리면 안전하게 변신할 수 있어요.

예외적으로 a랭크와 h랭크는 무승부가 되는 곳이에요. 여기는 아무리 위의 폰 엔딩 공식대로 움직인다 하더라도 무승부가 될 수밖에 없어요.

3. 최후의 공격

"저 고지만 넘으면 승리다"

게임을 끝내기 위한 다양한 전략을 알아보고 이를 응용하는 방법을 배워 볼까요?

1수 메이트

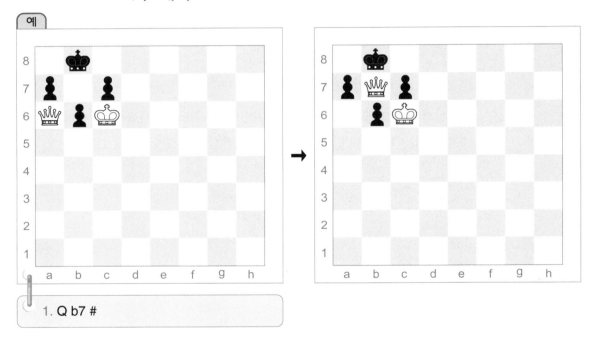

예

1. Q b7 #

검은색 킹이 흰색 퀸을 잡을 수 없는 이유는 흰색 킹이 흰색 퀸을 지켜주고 있기 때문이에요. 킹 역시 어느 정도의 힘은 가지고 있기 때문에 자신을 지킨다거나 남을 지켜줄 수 있어요.

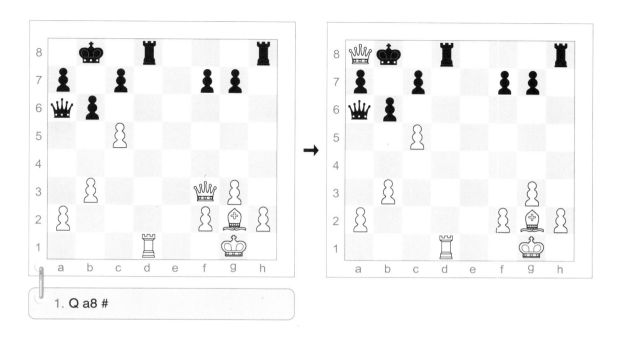

1. Q a8 #

검은색 킹이 흰색 퀸을 못 잡는 이유는 g2에 있는 흰색 비숍이 흰색 퀸을 보호하고 있기 때문이에요. 흰색 퀸이 b7에서 체크를 할 경우 검은색 퀸에게 잡히기 때문에 b7로 체크를 해서는 안 됩니다.

서로 돕는 것이 요령! ----------------------------------- TIP

체스의 기물 중 가장 강력하다고 하는 퀸이라 할지라도 퀸 하나만으로 메이트를 시키는 것은 결코 쉬운 일이 아닙니다. 다른 기물의 도움을 받게 되면 퀸의 활용도를 더 넓힐 수 있어 쉽게 경기를 풀어나갈 수 있습니다.

2수 메이트

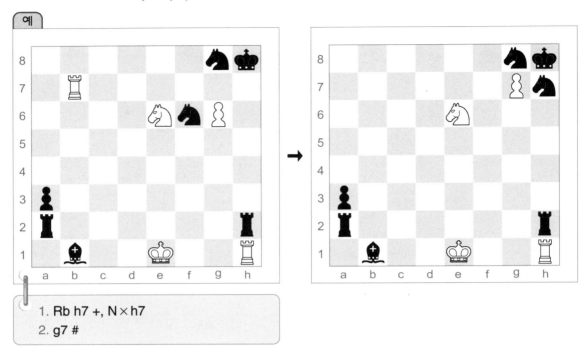

1. Rb h7 +, N×h7
2. g7 #

h 파일에 있는 흰색 룩이 검은색 룩을 잡으면서 체크를 부르면 a 파일에 있는 검은색 룩이 흰색 룩을 잡게 되어 메이트가 힘들어져요. g 파일에 있는 흰색 폰이 체크를 부르면 검은색 킹은 그냥 한 칸 올려서 피하면 역시 메이트를 시킬 수 없어요.

킹을 활용하자 --- TIP

게임이 막바지에 이른, 게임의 엔딩에서는 킹을 안전하게 보호하고 있기보다는 상황에 따라 적절하게 사용하는 것이 도움이 되는 경우가 많아요. 체스의 기물 중에서 킹의 점수가 4점(폰과 나이트를 합친 점수)이며 비숍이나 나이트, 폰보다 높다는 것과 킹보다 높은 점수의 기물이 퀸(9점), 룩(5점)이라는 것 역시 그만큼 킹의 활용도가 얼마나 중요한지를 말해주고 있어요.

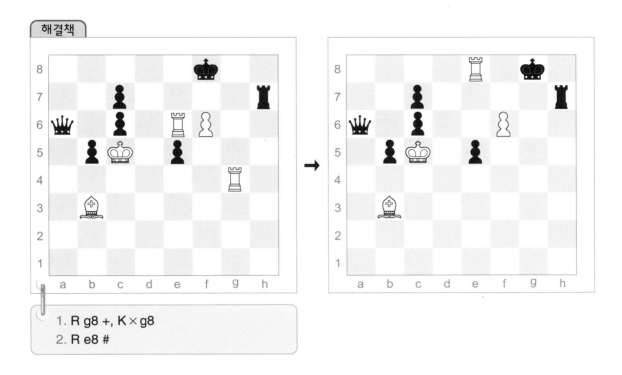

1. R g8 +, K × g8
2. R e8 #

  e 파일에 있는 흰색 룩이 체크를 부르면 검은색 킹이 흰색 룩을 잡으면서 e 파일로 가게 되는데 e 파일로 가면 검은색 킹이 피할 곳이 많아집니다. 룩이 g8일 때 검은색 킹이 f7이면 흰색 룩이 d6으로 가서 b3의 흰색 비숍으로 체크메이트가 되는 것이지요.

어느 것으로 공격할까요? ---------------------------------- TIP

공격할 수 있는 기물이 2개 이상일 경우 어떤 기물로 공격 해야 할지 선택하는 것이 매우 중요합니다 아무리 똑같은 기물, 똑같은 위치를 공격한다고 하더라도 먼저 공격 해야 할 기물이 달라지면 결과가 달라질 수도 있어요.

3수 메이트

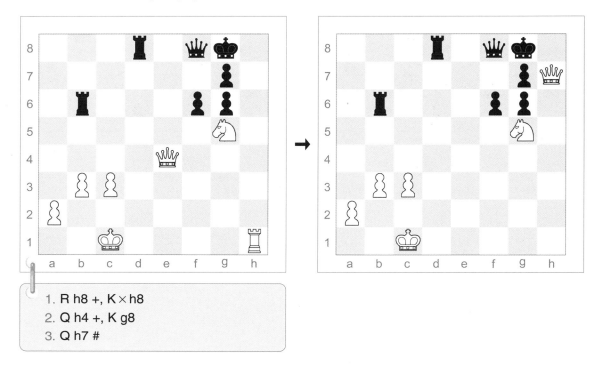

1. R h8 +, K × h8
2. Q h4 +, K g8
3. Q h7 #

연속 체크를 통해서 메이트를 만드는 문제입니다. 룩의 희생을 통해서 상대방 킹을 공격하기 쉬운 위치로 유인해 메이트를 만드는 방법이지요. 퀸이 먼저 h4 자리로 가게 되면 흑의 공격을 받기 때문에 이길 수 있는 기회를 놓치게 됩니다.

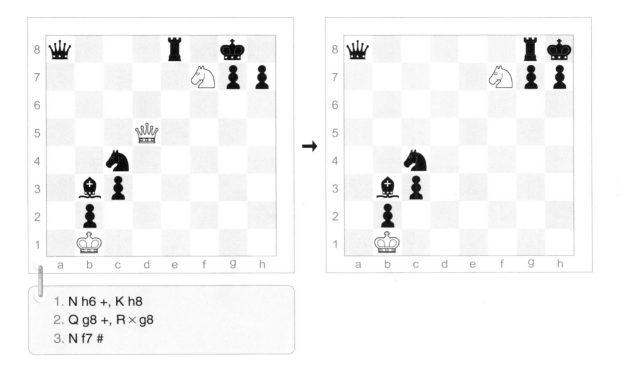

1. N h6 +, K h8
2. Q g8 +, R × g8
3. N f7 #

흰색 나이트가 체크일 때 g 파일의 검은색 폰이 흰색 나이트를 못 잡는 것은 d5에 있는 흰색 퀸이 체크를 부르고 있기 때문입니다. 두 개의 기물로부터 동시에 공격을 받을 때 해결하는 방법은 피하는 방법밖에 없어요. 여기서도 퀸의 희생이 중요한 역할을 하게 됩니다.

자유로운 생각을 하자 --------------------------------------- TIP

공격이 복잡해질수록 단순한 기술보다는 어렵고 복잡한 방법을 사용해야 하는 경우도 많답니다. 하지만 무엇보다 중요한 것은 어떤 수를 두면 안 된다는 고정된 생각을 버려야 한다는 것이지요. 생각이 자유롭지 못하면 복잡한 문제를 푸는 데 있어서 매우 어려워요.

PART 4

작전 회의

CHESS

1. 저 녀석을 잡아라!

체스 기술을 제대로 활용하고 싶다면 방법은 게임의 마지막인 엔딩을 공부하듯 이 외우는 수밖에는 없어요. 각각의 상황을 머릿속에 넣어 두고 비슷한 상황이 발생 할 때 바로 적용하는 것이죠. 다음 기술들을 통해 실력을 한 단계 향상시켜 보세요

1. 양동 작전(포크, Fork)

"둘 다 꼼짝마!"

포크란 하나의 기물이 2개 이상의 기물을 공격해서 이익을 얻어내는 상황을 말합니다.

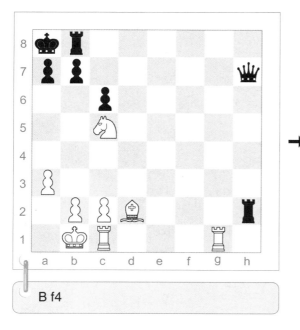

B f4

비숍을 f4로 옮기면 b8에 있는 검은색 룩과 h2에 있는 검은색 룩을 동시에 공격할 수 있어요. 이렇게 하나의 기물이 상대방 2개의 기물을 동시에 공격하는 것을 포크라고 합니다. 이럴 경우 룩을 잡은 흰색 비숍도 잡힐 수는 있겠지만 비숍은 점수가 3점이고, 룩은 5점이기 때문에 서로 바꾼다고 하더라도 백이 더 유리합니다.

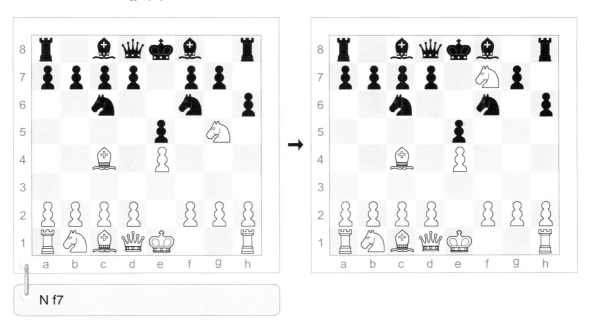

N f7

초반 오프닝에서 많이 볼 수 있는 장면입니다. 나이트가 f7의 폰을 잡으면서 검은색 퀸과 룩을 동시에 공격하는 상황입니다. 이때 검은색 킹이 흰색 나이트를 못 잡는 이유는 흰색 비숍이 뒤에서 받쳐주고 있기 때문이겠죠? 당연히 이러한 상황에서는 검은색 퀸이 피해야 해요.

2. 방어 작전(핀, Pin)

"어- 어떻게 하지? 움직일 수가 없어!"

핀이란 공격받는 기물이 그 뒤에 더 좋은 기물이 있어서 꼼짝 못하는 상태를 말합니다.

비숍이 룩을 공격하고 있으니까 보통 때는 룩이 피해야 하죠. 그런데 지금은 움직일 수가 없어요. 움직이면 체크 상태가 되기 때문이죠. 만약 이럴 때 상대방이 모르고 룩을 피할 경우에는 안 된다고 말하고 다시 흑이 움직여야 합니다. 물론 여기서도 킹을 잡아서는 안 되겠죠? 왜냐하면 체스는 '신사의 게임'이니까요!

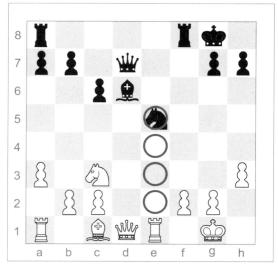

룩이 검은색 나이트를 잡아도 검은색 비숍이 흰색 룩을 잡을 수 없습니다. 왜냐하면 검은색 비숍으로 흰색 룩을 잡으면 흰색 퀸한테 검은색 퀸이 잡히니까요. 바로 핀 때문입니다.

3. 집중 공격

"공격하라!"

집중 공격과 분산 공격, 더 큰 것을 얻기 위한 희생 등과 같은 다양한 공격 방법을 알아 보아요.

집중 공격(더블 어택, Double Attack)

집중 공격 또는 더블 어택은 2개 이상의 기물이 상대방의 한 자리를 집중 공격하는 상황을 말합니다.

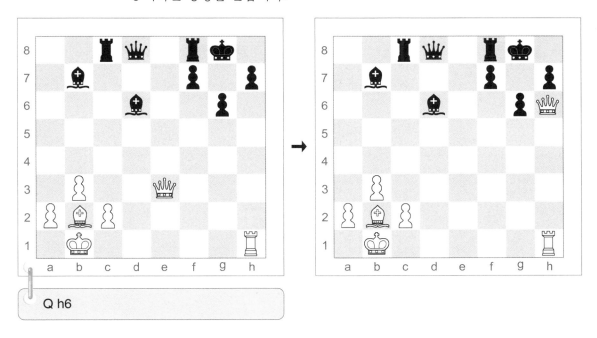

Q h6

위와 같은 경우 퀸을 h6으로 옮기는 것이 좋은 수입니다. g7과 h7 중 하나를 공격해서 메이트시킬 수 있기 때문이죠. 흑이 어떻게 방어하느냐에 따라서 백은 다른 쪽으로 공격을 하면 되므로 좋은 수가 됩니다. g7 자리는 비숍과 함께 집중 공격(더블 어택)을 할 수 있으며 h7은 룩과 더블 어택을 하게 됩니다. 결국 흑은 동시에 두 곳을 모두 방어할 수 없게 되므로 질 수밖에 없는 것이죠.

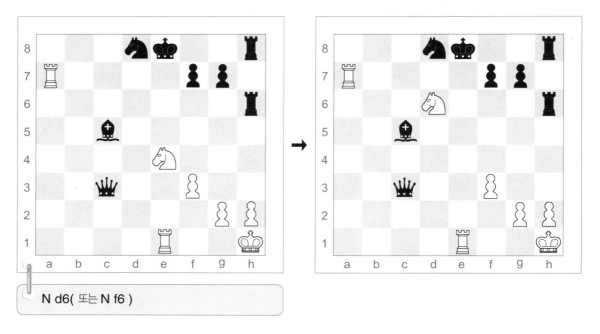

N d6(또는 N f6)

흰색 나이트가 퀸을 잡을 수도 있지만 체크를 한 이유는 게임을 끝낼 수 있기 때문이에요. 흰색 나이트가 d6 또는 f6으로 옮길 때 흑은 어쩔 수 없이 킹을 f8로 피해야 하는데, 이럴 경우 e1의 흰색 룩이 e8로 가서 체크메이트를 시킬 수 있게 됩니다. 검은색 킹은 흰색 룩을 흰색 나이트가 지켜주고 있어서 잡을 수 없어요. 더블 체크로 공격하면 킹이 피할 수밖에 없습니다. 당연히 동시에 두 곳을 방어 할 수는 없으니까요.

디스커버 어택(Discovered Attack)

2개의 기물이 동시에 각각의 다른 기물을 공격하는 것을 말합니다.

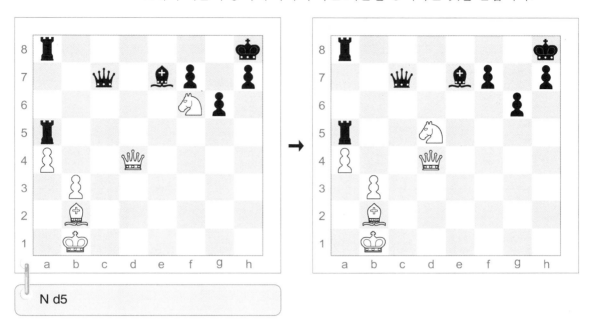

N d5

　　흰색 나이트가 d5로 피한 이유는 퀸을 공격하면서 d4의 흰색 퀸이 h8의 검은색 킹을 공격하기 위해서입니다. 이렇게 2개의 기물이 동시에 각각의 다른 기물을 공격하게 되면 둘 중 하나는 잡히게 됩니다. 흰색 나이트가 e8로 가서 체크를 부르는 것은 흑의 방어수가 있기 때문이에요. 검은색 퀸의 경우 e5로 가서 체크를 막으면서 동시에 나이트의 퀸 공격을 피할 수 있어요. 흰색 퀸이 검은색 퀸을 잡으면 a5의 검은색 룩이 흰색 퀸을 잡기 때문에 백이 이길 수가 없답니다.

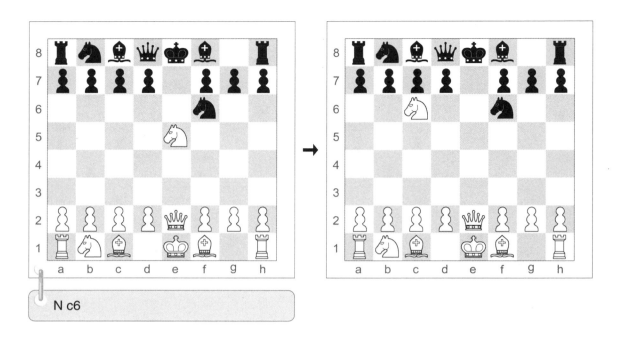

N c6

　　흰색 나이트가 피하면서 검은색 퀸을 공격하고 있고, 반대로 흰색 퀸은 검
은색 킹을 공격하고 있습니다. 흑이 퀸으로 체크를 막거나 다른 기물로 체크
를 막아도 백은 나이트로 퀸을 잡을 수 있게 됩니다. 이처럼 체스에서 기술이
란 그다지 복잡하거나 어려운 것이 결코 아닙니다. 아주 단순한 기술로도 큰
이익을 볼 수 있습니다.

그럼 기사와 룩 중에서 누가 더 셀까요? ------------------------- TIP

누가 더 세고 약하다고 말하긴 어렵고 체스에서는 각 기물마다 점수가 다 있답니다. 퀸
은 9점, 룩은 5점, 비숍은 3점, 나이트도 3점, 폰은 1점이에요.

희생

자기의 중요한 기물을 희생시켜 자기에게 유리하게 하는 것을 말합니다.

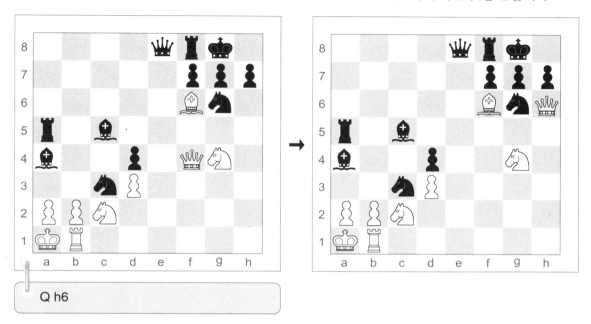

Q h6

　퀸이 h6으로 간 이유는 다음 수에 퀸이 g7로 가서 체크메이트를 하려고 하기 때문입니다. 지금 상태에서 흑은 방어수가 없기 때문에 어쩔 수 없이 퀸을 잡아야만 해요. 결국 검은색 폰이 퀸을 잡게 되면 흰색 나이트가 h6으로 가서 검은색 폰을 잡으면서 메이트를 만들 수 있습니다.

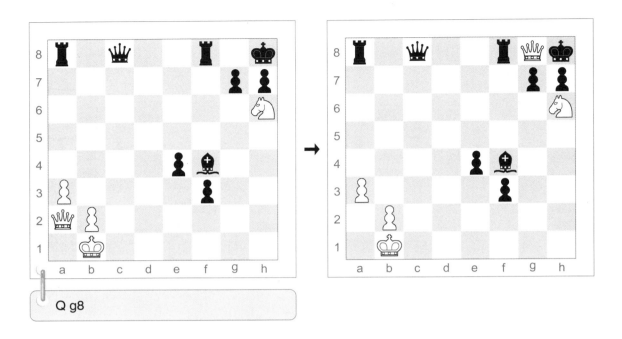

Q g8

　퀸이 체크를 불렀습니다. 보통의 경우라면 이렇게 퀸을 상대방 기물한테 잡히는 자리에 갔다 놓아서도 안 될 뿐더러, 놓지도 않겠지만 이번에는 g8 자리로 퀸이 가서 체크를 불렀습니다. 검은색 킹으로는 흰색 퀸을 잡을 수가 없어요. 나이트가 퀸을 보호하기 때문이죠. 어쩔 수 없이 룩으로 퀸을 잡아야 하는데 결국 킹이 움직일 자리가 없는 상태에서 흰색 나이트가 f7로 가면 체크메이트가 됩니다. 이처럼 적은 기물로도 메이트를 시킬 수 있습니다.

함정

함정을 만들어 상대방의 기물을 가두어서 잡는 것을 말합니다.

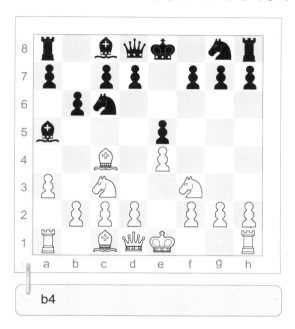

b4

영어로 노어스 어택이라고 부르는 방법입니다. 이 경우 비숍이 갈 곳이 없게 되어 잡히게 됩니다. 이런 모양은 체스를 두다보면 종종 나오는 상황으로 이처럼 간단한 함정도 있지만 함정을 만들기 위해 많은 기물을 움직이고 계획하는 경우도 있습니다.

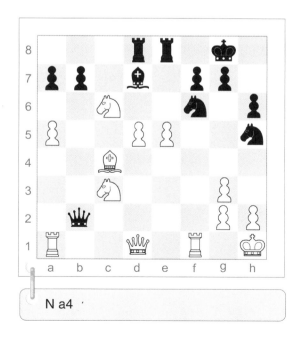

N a4

검은색 퀸은 어디로 가더라도 흰색 기물에게 잡힐 수밖에 없습니다. 퀸은 처음부터 나오게 되면 위험해질 수도 있기 때문에 되도록 오프닝에서는 신중하게 움직이는 것이 좋아요. 지금의 경우 우선은 룩이라도 잡는 게 좋겠네요.

수비수 제거하기

목적을 이루기 위해 방해되는 기물을 먼저 제거하는 기술입니다.

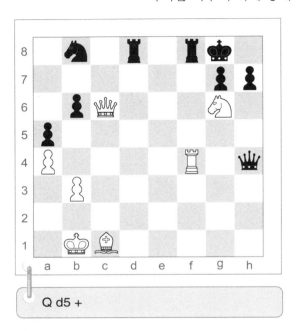

Q d5 +

d8의 검은색 룩으로 흰색 퀸을 잡으면 백은 f4의 룩으로 f8로 가서 체크메이트를 할 겁니다. 또한 f8의 검은색 룩이 f7로 가면 흰색 퀸이 f7의 룩을 잡으면서 체크메이트를 하는 경우도 있습니다.

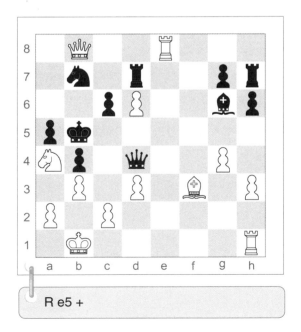

R e5 +

흰색 룩으로 검은색 퀸을 공격하게 만드는 방법입니다. 흰색 퀸이 a6 자리로 가서 다음 수에 퀸이 b5로 간 다음 체크메이트를 시키려고 하는데, 현재는 검은색 퀸이 있어서 흰색 퀸이 가고 싶은 자리로 갈 수 없습니다. 그래서 룩으로 먼저 검은색 퀸을 움직인 다음, 흰색 퀸이 가고 싶은 자리로 가면 됩니다. 흑의 경우 현재 체크인 상황이어서 다른 수가 없으므로 퀸을 이용해 룩을 잡기 위해 이동을 해야 합니다. 그렇게 되면 흰색 퀸은 a6 자리로 갈 수 있습니다.

2. 백전백승 전략 짜기

1. 나이트와 비숍 중 누굴 쓰지?

"누가 나가야 이길 수 있을까?"

상황에 따라 어떤 기물을 쓰고, 어떤 기물을 포기해야 하는지에 대해 알아봅시다.

기물 제대로 활용하기

체스 게임을 하다보면 나이트와 비숍 중에서 하나를 포기해야 하는 경우가 가끔 있습니다. 나이트도 중요한 것 같고 비숍도 마찬가지여서 고민을 하기도 하지만 쉽사리 선택을 할 수 없는 경우가 있을 겁니다. 보통 나이트보다 비숍의 가치를 더 높이 치는 이유는 바로 엔딩 때문이에요. 하지만 비숍은 체스판의 하나의 색깔로만 움직일 수 있기 때문에 하나의 비숍은 2개의 비숍보다 상대적으로 훨씬 더 약하답니다.

다시 정리해 보면 체스 초보자들이라면 어떤 기물을 좋아하는지 본인에게 스스로 물어본 다음 자기가 사용하기 좋은 기물이 더 좋다라는 것이 정답이 될 겁니다. 그럼 똑같은 질문을 체스의 고수들에게 묻는다면 이렇게 대답할 겁니다. "오프닝에서는 나이트가 활용 면에서는 더 좋지만 엔딩으로 갈수록 비숍의 활용도가 더 커지게 되며, 기물의 위치와 처한 상황에 따라 달라질 수 있다"라고 말이죠.

공격과 방어를 위해 중앙 먼저 차지하기

중앙에 얼마나 많은 기물을 가지고 있느냐에 따라서 게임에 미치는 영향력은 상당히 큽니다. 우선 중앙에 자신의 기물이 많아야 세력을 키우고 또 그로 인해 힘이 강력해진다면 상대방 기물의 공격을 막기 쉬울 뿐아니라 공격하기도 무척 쉬워지겠죠?

캐슬링은 언제 할까요?

캐슬링을 하는 가장 큰 이유는 킹을 보호하기 위해서라는 건 이제 다 알겠죠? 그 다음 이유는 가장자리 룩의 중앙 진출이라고 할 수 있습니다. 이러한 캐슬링은 지나치게 빠르거나 느리면 문제가 될 수 있습니다. 그만큼 캐슬링 타이밍은 매우 중요합니다. 그런데 캐슬링이 빠르면 왜 나쁜 건가요?

체스 게임에서 백이 유리한 이유는 먼저 두기 때문이에요. 먼저 둔다는 것은 자기가 원하는 계획대로 상대방을 이끌 수 있다는 장점이 있습니다. 그런데 캐슬링 한다는 것은 상대방에게 어떤 영향을 주기보다는 자기 쪽의 킹의 안전을 위해서 하는 것이죠. 이때 상대방이 같이 캐슬링하면 상관이 없지만 만약 넘어온 주도권을 가지고 게임을 리드해 나가려고 한다면 어쩔 수 없이 끌려갈 수밖에 없답니다. 따라서 캐슬링을 할 때 상대방에게 주도권이 넘어갈 수 있는지도 생각해 봐야 하며 만약에 넘겨준다고 하더라도 그만한 가치가 있는지도 생각해 봐야 합니다.

체스 게임의 오프닝을 보면 기물들이 중앙으로 모이게 되죠. 중앙으로 모이는 이유는 아직 공격 목표가 정해지지 않았기 때문이에요. 공격 목표를 쉽게 정할 수 없는 이유는 보통 게임을 시작하면서 서로 가지고 있는 백의 f2 또는 흑의 f7이 계속 약점으로 남아 있지 않을 수 있기 때문에 처음부터 섣불리 공격 목표로 정하지 못하는 것입니다.

캐슬링은 앞서 이야기했듯 전투의 일부가 아니므로 상대방에게 직접적인 영향을 줄 수 있는 사항은 아니에요. 더구나 전투가 벌어지기 시작하면 한가

하게 캐슬링을 할 수가 없게 되죠. 체스를 배우는 사람들 중에는 캐슬링은 킹이 위험할 때 하는 것이라고 생각하는 사람들이 간혹 있는데, 캐슬링은 킹이 위험할 때 하는 것이 아니라 킹을 보호하기 위해서, 즉 킹이 직접적으로 위험해지기 전에 미리 대비를 하는 것이지요. 캐슬링을 늦게 하면 나중에는 정말 캐슬링을 할 수 있는 시간이 없게 됩니다. 그렇게 되면 킹은 무방비 상태로 전쟁터 한가운데 놓이게 되는 것이에요.

퀸이 잡혀도 게임은 가능하다!

체스 게임을 하는 데 있어서 퀸이 없다면 어떨까요? 실제로 퀸 하나의 점수보다 나머지(폰을 제외한) 기물들의 점수가 훨씬 크답니다. 그런데도 불구하고 퀸이 상대방에게 잡히면 게임을 포기하는 사람들이 종종 있습니다. 이처럼 퀸의 가치를 다르게 보는 데서도 실력의 차이가 나타납니다. 퀸의 의존도를 낮추려면 어떻게 해야 할까요? 그것은 퀸을 직접적으로 사용하는 것보다는 다른 기물의 사용을 좀더 많이 하는 것이지요. 퀸을 많이 사용하는 사람 치고 퀸을 제대로 사용하는 사람은 별로 없어요. 원래 퀸은 목적을 가지고 움직여야 하는 기물이니까요.

다른 기물들의 활용에 있어서는 지키기, 세력 넓히기 등 여러 가지 이유가 있지만 퀸을 그런 용도로 사용하는 경우는 상당히 적어요. 장기적인 생각으로 움직여야 하는 것이 퀸이랍니다. 퀸의 가치가 큰 것은 사실이지만 지나치게 의존함으로써 그 퀸을 잃었을 경우 다른 기물들을 사용하는 데 있어 어려움을 겪어서는 안 되겠죠. 퀸이 없이 다른 기물로도 얼마든지 체스 게임을 운영해나갈 수 있어야 합니다.

올바로 생각하는 습관을 들여라!

움직이고자 하는 기물이 있을 때는 먼저 충분히 생각한 후에 움직일 기물이 생기면 곧바로 움직이는 것이 가장 좋습니다. 이는 당연한 말이고, 그렇게 해 온 것 같지만 실제로 많은 초보자들은 무엇을 할 것인지 생각이 나면 금방이라도 움직일 것처럼 기물에 손을 댔다가 막상 움직이려고 할 때 생각하기 시작하는 사람이 꽤 많습니다. 이럴 경우 터치 무브를 기억할 겁니다. 일단 잡았으니 어쩔 수 없이 기물을 움직여야 하는 것도 문제지만 정작 중요한 건 생각할 수 있는 범위조차도 줄어든다는 것이 큰 문제입니다.

최소한 자기가 기물을 움직일 때는 왜 움직이는지만이라도 생각을 해야 합니다. 만일 내가 이 수를 두고 나면 상대방은 어떤 수를 둘지를 먼저 생각해 보고 나서 두게 된다면 이전보다는 훨씬 나은 체스를 할 수 있을 겁니다. 물론 생각을 많이 한다는 것은 좋은 방법이지만 무엇을 할지 망설이는 것은 전혀 도움이 되지 않습니다. 생각을 하면서 망설이지는 마세요.

실력을 올리려면

초보자들은 체스 실력을 빨리 올리는 방법이 따로 있는지, 특별한 비법이라도 있는지 궁금할 겁니다. 그렇다면 체스 실력을 빨리 올릴 수 있는 방법이 실제로 있을까요? 우선 대답은 '그렇다' 입니다. 다만 그 방법은 거창한 것이 아니라 체스 게임을 많이 해서 좋은 수를 자꾸 익히는 것이랍니다.

퀸 없이 게임할 수 있다고요? - TIP

퀸 외에 다른 기물들을 활용하는 연습을 하려고 자기보다 약한 상대와 게임을 할 때 퀸을 처음부터 빼고 하는 게임이 있습니다. 이를 '퀸 오더즈' 라고 하며 정식 시합에는 사용하지 않지만 지도 대국이나 실력 차이가 날 때 이런 식으로 게임을 한답니다. 퀸을 빼고 하면 다른 기물들의 사용량이 늘면서 다른 기물을 사용하는 방법 역시 다양해지겠지요.

2. 초보 탈출하기

"내 최신 무기 구경 좀 해볼래?"

자주 하는 실수와 그에 대한 해결책, 초보와 고수의 차이점을 통해 내 실력을 알아보고
실제 게임에서 써먹을 방법을 알아봅시다.

병사(폰)는 왜 먼저 움직이나?

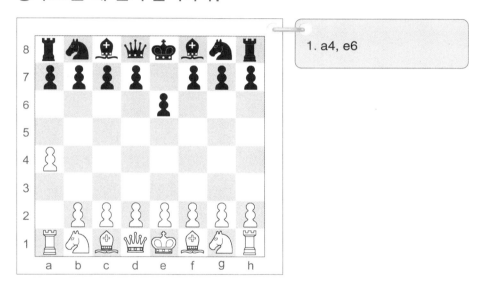

1. a4, e6

체스 초보자들이 가장 많이 하는 행동 중 하나가 룩 앞의 폰을 움직이는 거
예요. 바로 우리나라 장기에서 양쪽 끝의 차 앞의 졸을 움직이는 것과 같죠.
이러한 버릇은 빨리 버리는 것이 좋아요. 제일 먼저 폰을 움직이려면 가운데
폰을 두 칸 움직이는 것이 좋아요. 한 칸만 움직이면 게임 진행이 너무 느릴
수도 있으니까요. 이 방법 말고도 게임을 시작하는 오프닝은 앞에서 배운 다
른 여러 가지를 사용해도 되겠죠?

어떤 말을 움직일 때 상대방 기물을 잡기 위한 것인지, 방어를 하기 위한
것인지 등과 같은 목적이 반드시 있어야 합니다. 초보자들이 쉽게 생각하지

못하는 부분이기도 하지요. 폰은 우선 가운데 폰을 움직이는 것이 좋습니다. 그 이유는 앞에서 배웠어요. 그런데 이렇게 폰을 한 칸만 움직인다면 조금 아쉽겠지요? 물론 한 칸만 움직여도 돼요. 하지만 체스를 처음 배우는 여러분들은 두 칸을 움직이는 것이 좋아요. 다양한 오프닝은 체스 공부를 많이 한 다음에 사용하도록 하세요.

먼저 생각하고 움직이기

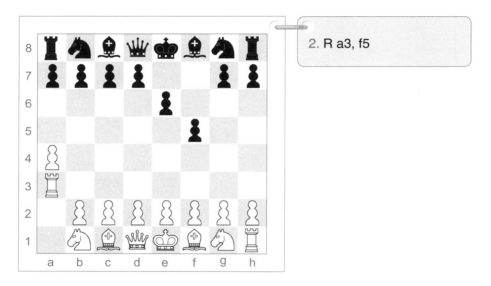

2. R a3, f5

룩의 a3으로 이동. 보통 상대방이 움직인 수를 생각해 보면 왜 움직인 것인지, 다음 수는 무엇을 둘 것인지 알 수 있어요. 물론 완전 초보일 경우에는 생각하는 것하고 다를 수 있지만요. 초보는 생각 없이 두는 경우가 많기 때문이지요. 이런 경우에는 상대방의 수를 읽지 못해도 괜찮아요. 생각 없이 두는 수는 실수를 많이 하고 게임에도 지기 십상이니까요. 흰색 룩을 움직였다는 것은 생각 없이 둔 것은 아니지만 그래도 좋은 수는 아니에요. f8에 있는 검은색 비숍한테 잡히기 때문이죠. 그리고 룩은 오프닝일 때는 가장자리로 나오기보다는 중앙으로 나오는 것이 좋아요.

폰의 f5로 이동. 체스를 조금 할 줄 아는 사람이라면 왜 비숍으로 룩을 안 잡았을까 궁금해 할 겁니다. 만약 비숍으로 룩을 잡을 수 있다고 생각했다면 초보는 아니에요. 초보는 상대방이 무엇을 움직였는지 내가 무엇을 움직이는지 생각을 안하기 때문이지요. 또는 시야가 좁아서 못 보는 수도 있고요. 멀리 있는 기물들은 보지 못하고 근처의 기물만 잡을 줄 아는 사람들이 많아요. 시야가 좁은 경우는 초보가 아니더라도 많으니 무엇을 움직여야 할지 먼저 생각하는 습관을 들이세요.

마지막으로 비숍으로 룩을 잡으면 비숍이 상대방 폰한테 잡힐까 봐 안 잡는 경우도 있어요. 자기 기물을 너무 아낀 나머지 저지른 실수가 되겠지요. 이해가 안된다구요? 실제로 배운지 얼마 안 된 초보들이 많이 하는 실수 중의 하나랍니다.

3. R g3, g6

룩의 g3으로 이동. 이 움직임의 의미가 무엇이냐고 묻는다면 솔직히 할 말이 없어요. 이유는 저도 모르기 때문이에요. 그런데 더 중요한 것은 움직이는 자신도 모른다는 겁니다. 오랫동안 초보들을 가르치면서 느낀 바로는 전체적인 움직임에 자신이 없어서 자기가 알고 있는 기물만 움직이는 경우가 꽤 많더군요. 위의 백을 움직이는 사람도 룩을 움직이는 것이 자신이 있기 때문에 룩만 움직이는 경우에 해당됩니다. 나이트를 움직이는 것이 자신 있는 사람이라면 나이트만 움직였을 거에요. 역시 잘 모르는 사람일수록 모든 것을 움직여 볼 필요가 있습니다.

폰의 g6으로 이동. 역시 폰만을 움직였다면 큰 기물의 움직임에 자신이 없는 경우랍니다. 물론 다른 기물을 움직이는 방법에 대해 잘 알면서도 이런 수를 두는 경우도 있는데, 그런 경우에는 수비가 튼튼하다고 여기거나 오프닝에서 폰의 의미와 중간 기물의 역할에 대해 모르거나 이해를 못 하는 경우라고 할 수 있어요.

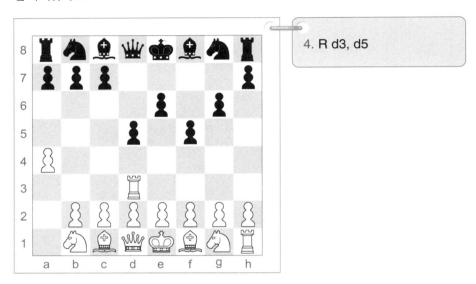

4. R d3, d5

룩의 d3. 역시 기물의 움직임에 목적이 없어요. 처음 체스를 배우는 경우라면 차라리 룩으로 폰이라도 잡는 편이 훨씬 좋아요(물론 그렇게 하는 것이 좋은 수라는 것은 절대 아니에요). 앞에서 배웠듯이 초반의 기물 운영은 세력 확장에 있어요. 그런 면에서는 흑이 백의 움직임이나 세력적인 면에서 훨씬 나은 편이죠. 특히 룩은 초반에 사용하는 기물이 아니므로 결국 룩이 나와서 할 수 있는 일은 아무것도 없답니다.

폰의 d5. 역시 폰이 움직였다는 것은 중간 기물의 활용에 있어서 자신이 없다는 것이고 알고는 있지만 움직이지 못하는 것이죠. 그렇다면 알고 있다는 것이 아무런 의미가 없겠죠? 그냥 보기에는 흑이 튼튼해 보일지 몰라도 실제로는 전혀 아니에요. 대각선 방향으로 틈은 얼마든지 존재합니다.

여러분이 체스를 배운지 얼마 안 된 초보라면 또는 위 그림을 보자마자 '내가 저렇게 두고 있지'라는 생각이 든다면 우선 초보에서 탈출할 수 있는 방법을 알려줄게요.

제일 먼저 유의할 점은 하나의 기물을 연속해서 움직이면 안 된다는 거에요. 나이트를 움직였다면 다른 어떤 기물이든지 움직여 보는 것이 좋아요. 무엇보다도 되도록이면 기물을 뒤로 후퇴시키지 마세요. '움직이지 않으면 잡히는데……'라는 생각이 든다면 벌써 초보는 벗어난 것이지요. 그리고 지금의 상황에서는 이기고 지는 것이나 또는 기물을 어떻게 활용할 것인가 하는 단계보다는 우선 기물을 자신 있게 움직일 줄 아는 것이 중요합니다. 잡히더라도 우선은 기물을 전부 움직여 보는 것을 목표로 하세요. 하나만이 아닌 전체를 전진시켜 나간다는 생각으로 도전해 보세요.

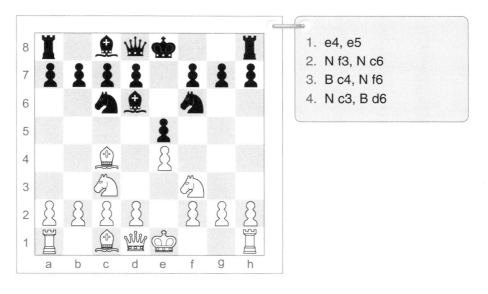

1. e4, e5
2. N f3, N c6
3. B c4, N f6
4. N c3, B d6

이 그림은 앞에서 봤던 4번 두었을 때 나올 수 있는 좋은 움직임 중의 하나인데, 초보들의 게임은 어찌 보면 별다른 전략이 없을 수도 있습니다. 그나마 기물 하나하나를 잘 움직이고 알고 있는 기물을 최대한 활용한다면 괜찮은 수준이라고 할 수 있습니다.

3. 체스 중수 되기

"헤헤헴! 이럴 때는 여기에 두어야지"

뭔가 궁금한 것이 있을 경우 인터넷으로 그 내용을 검색하거나 책을 찾아보는 것처럼 초보자들과는 다른 수준 있는 게임 요령에 대해 알아볼까요?

잘 모르면 따라해 보자!

1. e4, e5
2. N f3, N c6
3. B c4, N h6

보통 어느 정도 체스를 하다보면 주위의 체스 고수나 책에서 본 오프닝을 따라하는 경우가 있습니다. 물론 이런 경우가 반칙에 해당되거나 치사한 방법도 아닙니다. 자신이 잘 모를 때는 잘하는 사람을 따라해 보는 것도 좋습니다. 왜 이렇게 시작하는 것인지 이해는 되지 않을지라도 자꾸 따라해 보고 내 것으로 만드는 것이죠. 여기에서처럼 비숍의 c4로 이동에 대한 방어수로는 여러 가지가 있는데, 그 중 하나가 나이트의 f6으로 움직이는 것입니다. 나쁜 수로는 그 나이트가 g5로 못 오게 하려고 폰을 f6으로 움직이는 것이 있어요. 보통 체스의 중수 정도라면 기물들의 움직임을 자연스럽게 사용할 뿐만 아니라 요행이 아니라 기술을 이용해 상대방의 기물을 잡는 법에 대해 공부를 한 상태가 되어야 합니다. 하지만 앞의 그림처럼 나이트를 h6으로 옮기는 수는 좋은 수가 아니랍니다.

좋은 수인지 나쁜 수인지의 기준은 간단합니다. 자기에게 얼마나 도움이 되는가를 가지고 판단하는 것이죠. 나이트를 h6으로 가는 수는 나름대로는 약점인 f7을 보호해 주고 있기 때문에 좋은 수라고 생각할 수도 있지만 상대방 흰색 나이트가 g5로 안 가면 검은색 나이트의 h6의 움직임은 아무 쓸모없는 움직임이 되고 맙니다. 미리 방어한다는 의미에서 좋을 수 있지 않느냐고 생각할 수 있겠지만 방어 수는 그것만이 있는 것이 아니기 때문에 더욱 좋다고 말할 수가 없는 것이지요. 기물을 움직일 때는 목적이 하나만 있어서는 절대 안 됩니다. 2개 이상이 있어야만 다른 하나의 의미가 사라지더라도 또 다른 의미가 살아 있기 때문에 살아 있는 움직임이 되는 것이에요.

체스 제대로 두기

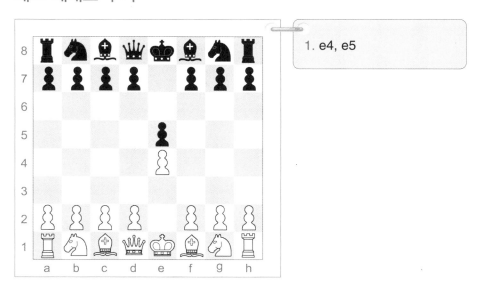

1. e4, e5

체스를 처음 배운 사람에게나 오래 배웠던 사람에게나 모두 좋은 수네요. 가장 오랫동안 많은 사람들이 두었던 첫 움직임이라고 생각하면 됩니다. 오픈 게임이라고 하기도 하는데 비숍과 퀸의 움직이는 길을 열어주고 이후의 진행이 서로 공격적이어서 기물끼리 교환도 많이하게 되지요. 근래에 와서는 여러 가지 이유로 e4보다는 d4로 백의 폰을 움직이는 경우도 많아졌지만 처음 체스를 두는 사람들에게는 e4가 좋아요. 근래 게임들을 보면 지지 않기 위해서 기물을 움직이는데, 지지 않는 체스라는 것이 꼭 이기는 것을 말하는 것은 아닙니다. 이는 무승부를 말하는데, 요즘 보면 타협이라는 것을 잘하는 것 같아요. 그런 면에서 시실리안은 흑의 입장에서 타협적인 움직임은 아니에요. 어쨌든 체스를 처음 배우는 사람이 첫 수를 무엇을 둘까 고민할 필요는 없어요. 무난하게 정석대로 중앙의 폰을 움직이는 것이 좋은 방법입니다. 물론 정석이라고 하더라도 상대방의 움직임은 주시할 필요가 있습니다.

특별한 오프닝

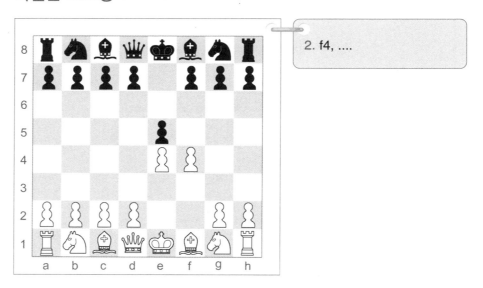

2. f4, ...

킹즈 갬비트라는 오프닝인데, 일부러 상대방에게 폰을 희생하는 방법입니다. 이 방법이 나오기 전까지만 하더라도 오프닝에서 폰 하나를 잡기 위해 서로 많은 노력을 했답니다. 물론 그러한 점은 기본적으로 지금도 마찬가지이긴 하지만 킹즈 갬비트라는 오프닝이 나오고 나서는 조금 달라졌습니다. 처음에는 폰 하나만의 중요성을 따져서 상대방이 폰 하나를 주면 이를 잡는 경우가 많았는데, 공짜로 폰을 잡아도 나빠질 수 있다는 것을 알고부터는 안 잡는 경우도 생겼어요. 어차피 중반에 폰을 다시 뺏기는 경우가 많기 때문이죠. 그래서 요즘에는 상대방이 이 오프닝을 쓸 경우 무조건 잡는 경우는 적어졌어요.

물론 잡는 것이 나쁜 것은 아니지만 잘 생각해 보고 계획을 짜야 한다는 것이죠. 그날의 작전이나 상대방 성격 등을 생각해서 상대방이 폰을 공짜로 주어도 안 잡는 경우도 생겨난 것이죠. 이렇게 폰 하나를 희생하는 이유는 폰 하나를 희생하면서 위치나 세력을 차지할 수 있기 때문이에요. 복잡하다고 생각되면 그냥 폰을 잡는 것이 좋아요. 때로는 비숍을 c5에 두는 경우도 있습니다.

생각하는 습관 들이기

2. ..., N c6
3. N f3, d5
4. B b5, ...

흰색 비숍은 검은색 나이트를 잡으려고 간 것이라기보다는 핀을 걸기 위해 움직인 것이랍니다. 물론 나이트를 잡을 수도 있어요. 나이트를 잡게 되면 중앙 폰을 하나 잡을 수 있기 때문이에요. 어떻게 생각해 보면 처음에는 폰을 잡을 수 있는 상태에서 안 잡다가 지금에 와서는 어렵게 폰 하나를 잡으려고 하는 것을 보면 이해가 안 될 수도 있겠지만 상황에 따라 달라질 수도 있는 것이니까 잘 생각해 봐야 해요. 특히 눈에 보이는 기물의 이득이 아닌 위치나 발전성 등, 생각해야 할 부분이 많으므로 어느 한 부분을 가지고 판단하기란 쉽지 않답니다.

4. ...., d×e4
5. N×e5, B c5
6. N×c6, ...

다섯 번째 백의 움직임에서 흰색 나이트는 검은색 폰을 잡았어요. 그런데 왜 검은색 나이트가 흰색 나이트를 왜 안 잡았을까요? 그건 b5에 있는 흰색 비숍이 e8에 있는 킹을 노리고 있기 때문이에요. 핀에 걸려서 나이트가 움직일 수 없었던 것이죠. 다섯 번째 흑의 움직임은 실수를 한 것입니다. c6의 나이트가 잡힐 수도 있는데 흑은 지켜주지 않았습니다. 결국 여섯 번째 백은 나이트로 검은색 나이트를 잡았어요. 그런데 왜 나이트였을까요? 비숍으로 잡을 수도 있었지만 그것은 흑의 두 번째 실수를 노린 것이죠. 만일 여기서 흑이 아무 생각 없이 검은색 폰으로 흰색 나이트를 잡으면 다시 흰색 비숍에 의해 포크가 걸리게 되거든요.

임기응변(융통성을 발휘하자!)

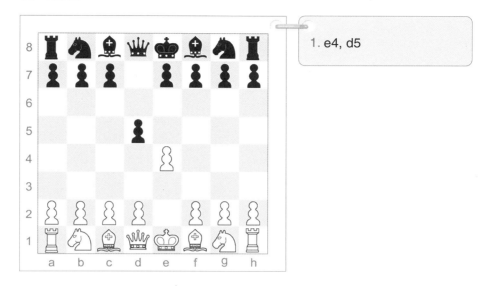

1. e4, d5

  체스 경기를 하다보면 이미 배웠던 그대로 나오지 않을 경우 당황하게 되는 경우가 있어요. 하지만 수많은 사람들과 실제 체스 게임을 하다보면 정말 모르는, 예상하지 못했던 수가 많이 나올 수밖에 없는데, 이렇게 모르는 수를 만나게될 때마다 당황한다면 게임을 하기는 정말 어렵겠죠? 우선 모르는 수를 만났을 때는 그것 자체가 새로운 방법을 배우는 것이라고 생각하세요. 그리고 그 수에 대해 고심해 보는 겁니다. 이 수가 정말 좋은 수인지, 아니면 상대방이 정말 초보라서 아무렇게나 둔 것인지 생각해 보고 자기가 둘 수를 결정하는 것이죠.

  예를 들어 폰의 e4에 대해 흑이 폰을 d5로 움직이는 방법이 나왔을 경우 이에 대한 백의 수를 미리 안다면 모르지만, 체스를 이제 배우고 있는 상태에서 선택할 수 있는 수라면 이를 그냥 무시하고 흰색 폰을 e5로 한 칸 더 밀 수도 있고 e4 폰을 지켜줄 수도 있으며 아니면 그냥 나이트나 비숍을 움직일 수도 있답니다. 물론 이 상태에서 제일 좋은 선택은 흰색 폰으로 검은색 폰을 잡는 것이겠지요(e × d4). 결론만 말하면 모르는 수를 만나더라도 당황하지 말고 한 수 배운다는 마음가짐으로 경기에 임하는 것이 중요합니다.

무작정 외우지 말자!

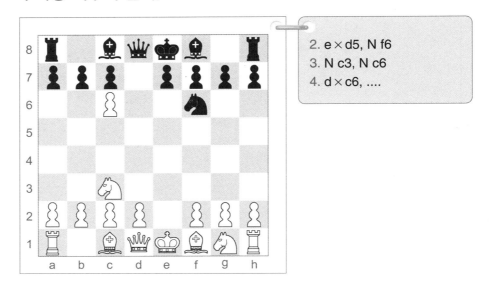

2. e × d5, N f6
3. N c3, N c6
4. d × c6, ...

이 상황은 체스를 조금 둘 줄 안다고 생각하는 사람들은 이해가 안 될지도 모르겠지만 실제로 많이 나오는, 마치 습관과도 같은 실수 중의 하나입니다. 특히 흑의 세 번째 수는 정말 이해가 안 갈 겁니다. 왜 나이트가 폰이 공격하는 자리로 갔을까요? 이건 흑이 단지 오프닝을 외우고 두었기 때문입니다. 조금만 생각을 하고 둔다면, 즉 상대방이 무엇을 두었는지 내가 이 수를 두면 상대방이 어떤 수를 조금만 생각한다면 절대 범하지 않을 실수겠지만 생각보다 가끔씩 보게 되는 수라는 것이죠.

그러므로 여러분들이 이러한 실수를 안 하도록 노력하는 것도 매우 필요합니다. 이 정도쯤이야 하는 가벼운 마음에서 나오는 실수가 바로 이런 것이므로 신중해질 필요가 있고 특히 초보자일수록 조심해야 합니다.

요행수는 바라지 말자!

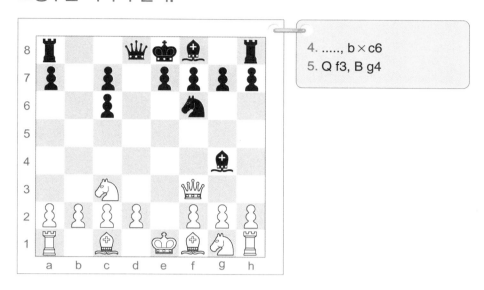

4. ....., b × c6
5. Q f3, B g4

비숍의 g4 움직임은 나름대로 목적이 있기 때문에 괜찮은 수입니다. 특히 자신의 기물(나이트)과 협력해서 상대방의 퀸을 공격한다는 것은 아주 좋은 방법이라고 할 수 있지요. 기물 하나만으로 상대방을 공격하거나 체크메이트 시키려 한다면 무척이나 어려운 일입니다.

그런데 흑은 너무 자기의 수만을 생각하는 실수를 했어요. 상대방의 움직임을 보지 않고 오직 자기만의 생각대로 게임을 진행시킨 것이죠. 자기보다 약한 상대와의 게임에서는 상대방의 수를 생각하지 않아도 될 때가 있지만 보통은 생각하면서 두는 것이 좋아요. 백의 퀸은 왜 f3으로 갔을까요? 그것은 c6의 폰을 잡기 위한 움직임이었답니다. 만일 흰색 퀸이 c6의 폰을 잡을 경우 검은색 퀸이 막아버리는 실수를 한다면 더 없이 백으로는 좋은 일이 아닐 수 없겠지요. 퀸으로 룩을 잡을 수 있을 테니까요. 하지만 상대방의 실수를 바라면서 게임하는 것은 별로 추천할 만한 방법은 아닙니다.

목적이 있는 움직임

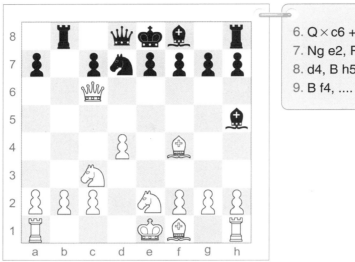

6. Q×c6 +, N d7
7. Ng e2, R b8
8. d4, B h5
9. B f4, ...

우리는 방금 비숍 2개의 각기 다른 움직임을 보았습니다. 검은색 비숍의 h5로의 움직임과 흰색 비숍의 f4의 움직임, 이 2개의 비숍 움직임의 차이는 뭘까요? 검은색 비숍은 한마디로 지금 당장의 중요성을 가지고 움직일 만한 이유가 없었던 상황이었고, 반대로 흰색 비숍은 그 이유의 옳고 그름을 떠나서 목적을 충분히 보여주는 움직임에는 틀림이 없습니다. 목적이 있는 움직임과 목적이 없는 움직임의 차이는 아주 큽니다. 목적이 있고 없음에 따라 체크메이트의 기회가 올 수도 있고 오지 않을 수도 있으니까요. 기회라는 것은 만들어지는 것이지, 그냥 찾아오는 것이 아니기 때문에 여러분들이 움직임 속에서 만들어야 하는데 그 첫 번째 방법이 바로 움직임에 대한 목적을 가지고 있어야 한다는 겁니다. 검은색 비숍의 다음 움직임 속에는 검은색 비숍이 h5로 간 의미를 찾을 수가 없어요.

하지만 흰색 비숍의 f4의 움직임은 흑한테 부담을 주기에는 충분한 수가 되고 있고 앞으로도 많은 기회를 볼 수 있는 수라서 좋은 움직임이라고 할 수 있어요.

아쉬운 움직임

9. ...., R b6
10. Q e4, R e6
11. Q d3, R b6

분명 아홉 번째 수까지는 백이 주도권을 가진 듯했고, 흑의 움직임보다는 훨씬 백의 움직임이 좋았어요. 그러나 세 번의 검은색 룩의 움직임은 지금까지 끌려 다닌 듯하던 움직임하고는 전혀 다른 움직임이었어요. 첫 번째로 아홉 번째 수의 룩 b6은 자칫하면 흑이 점점 나쁜 쪽으로 선택될 수밖에 없었던 상황에서 백에게 부담을 주는 수였어요. 이때 흑이 룩을 c8로 움직였다면 어땠을까도 생각해 보지만 사람에 따라 공격적인 움직임을 더 좋아하는 사람은 룩의 b6이 더 좋아 보일 거예요. 이후 흰색 퀸은 오프닝에서의 싸움에서는 밀릴 수밖에 없다는 것을 보여주기라도 하듯이 계속 후퇴하는 모습을 보여주고 있어요.

다만 이 싸움에서 흑의 선택은 조금 아쉬운 면을 많이 보이네요. 룩을 계속적으로 활용하기보다는 다른 기물을 좀 더 활용했으면 어땠을까 하는 아쉬움이 남게 만들었어요. 룩의 e6 이동보다는 나이트의 f6, 또 룩의 b6보다는 퀸의 b8 등 지금의 선택으로도 상대방에게 어느 정도 압박을 준건 사실이지만 아쉬운 부분이었어요.

기본에 충실하자

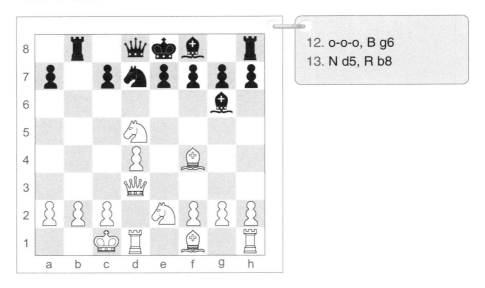

12. o-o-o, B g6
13. N d5, R b8

상대방이 공격할 자리를 미리 알고 그 수를 방어한다는 것이 쉬운 일은 아니랍니다. 또한 방어를 어떻게 하느냐도 어려운 선택이고요. 검은색 룩의 b2 지점의 공격에 대해서 백은 퀸 사이드 캐슬링을 했어요. 어차피 해야 할 캐슬링이었고 약점도 막을 수 있는 수라면 권장할 만한 방법이지요. 물론 이 상황에서 나이트의 b5 이동은 어땠을까도 생각해 보지만 백이 지금까지 둔 수를 본다면 그 방법을 찾기는 조금 어려웠을 거에요.

검은색 비숍의 g6의 움직임은 누가 봐도 퀸을 공격하려는 수였어요. 그렇다면 백나이트의 d5의 움직임은 뭘까요? 원래는 퀸이 공격당하니까 퀸이 도망가야 하는데 도망가지 않고 나이트를 움직였어요. 아마도 검은색 비숍이 퀸을 잡으면 흰색 나이트로 c7의 폰을 잡으면서 체크를 하고 혹은 어쩔 수 없이 검은색 퀸으로 흰색 나이트를 잡으면 흰색 비숍으로 검은색 퀸을 잡으면서 룩까지 공격하겠다는 생각이었을 겁니다. 계산이나 생각은 좋았지만 때로는 단순하고 쉬운 것이 더 좋은 수일 수도 있어요. 예를 들어 위에서처럼 검은색 비숍이 흰색 퀸을 공격한다면 흰색 퀸은 피하는 게 좋아요. 다만 어디로 피하느냐가 중요하겠지만요.

상대방의 실수를 잘 이용하자

14. Q e3, R b5
15. N g3, R×d5
16. B c4, R a5

혹이 실수가 많은 게임에서 백은 좋은 수를 두지 못했어요. 백은 퀸의 교환을 원치 않아 퀸을 피하게 했는데, 검은색 룩의 b5의 움직임은 나이트를 잡으려고 간 것이지만 결국 나이트가 c7로 가서 흰색 폰을 잡으면서 포크를 걸 수 있는 아주 좋은 기회를 놓치고 말았어요. 특히 혹은 킹하고 룩이 포크에 걸렸지만 검은색 킹을 살리기 위해서는 어쩔 수 없이 퀸을 희생할 수밖에 없는 상황을 맞게 되는데 백으로서는 매우 아쉬운 기회라고 할 수 있어요. 더욱 큰 문제는 검은색 룩의 움직임에 백은 방어할 생각을 전혀 안하고 있었다는 점이에요. 아주 기본적인 방어인 피하기조차 시도하지 않았어요. 이렇게 되면 좋은 기회가 와도 놓치게 되어 이길 수가 없게 된답니다. 혹의 입장에서는 상대방이 공짜로 나이트를 준 것이 조금은 이상하게 보일 수도 있지만 생각을 해보고 판단했을 때 별문제 없으면 잡는 것은 당연한 처사겠지요. 무엇이 문제인지도 모르면서 막연히 이상한 기분이 들어서 안 잡는다면 상대방이 퀸을 준다 해도 잡기가 어려울테니까요.

결과적으로 나쁜 일이 생긴다 하더라도 생각을 해보고 괜찮을 것 같다는 판단이 서면 그대로 하는 것도 좋습니다. 물론 그렇게 자꾸 고심을 하다보면 조금씩 발전도 있을 테구요. 뒤늦게 비숍으로 룩을 잡으러 가보지만 룩이 피할 곳이 남아 있어서 잡기는 불가능해요. 다만 f7 자리의 공격 가능성은 남겨 두었기 때문에 잘 이용해야 합니다.

17. a3, N b6
18. Q c3, R a4
19. B b5, N d7
20. B × a4

게임은 한순간에 지는 경우가 많아요. 원래 최고수들인 체스 마스터들은 작은 실수조차 용납하지 않지만 일반적인 플레이어들까지 그렇지는 않겠지요. 실수라고 하더라도 결정적인 실수를 누가 어디서 하느냐가 이기고 지고를 결정하게 될 겁니다. 백도 실수를 많이 하면서 게임을 어렵게 해가던 중이었거든요. 열일곱 번째 흰색 폰의 a3은 여전히 의미 없는 수네요. 약점도 아닌 만큼 공격당할 만한 수도 아니고 지켜주는 기물이 있으므로 다른 수를 두는 것이 더 좋았겠죠. 물론 백은 다음에 폰이 b4로 가서 룩을 공격하고 싶었겠지만 흑의 다음 수인 나이트의 b6 때문에 그것도 쉽지 않죠. 퀸을 공격하고 있거든요.

이렇게 보면 백이 무척 어려운 게임을 하고 있는 모양인데, 이때 흑이 룩의 a4라는 나쁜 수를 두었으니 백으로는 천만다행이네요. 상대방이 실수하기를 바라는 것은 절대 좋은 생각이 아니지만 잘 버텨 나가면 상대방이 실수를 할 때도 있어요. 중요한 건 상대방의 실수를 얼마나 잘 발견하여 내게 유리하게 활용하느냐 하는 것이지요. 상대방이 실수했는데도 불구하고 알지 못하거나 공격하지 못하면 상대방이 한 실수는 의미가 없어지고 말테니까요.

4. 체스 고수 되기 — 첫 번째 작전

투 나이츠 디펜스 활용하기

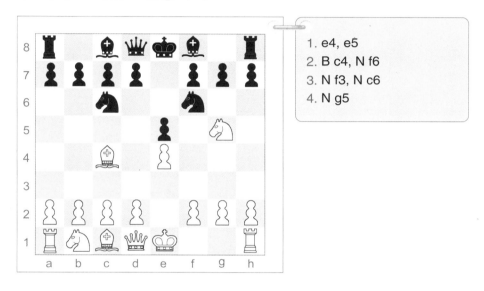

1. e4, e5
2. B c4, N f6
3. N f3, N c6
4. N g5

우리가 이미 앞서 배운 투 나이츠 디펜스입니다. 시작 부분에서 조금 다르긴 했지만 결과적으로는 투 나이츠 디펜스 모양이 되었어요. 이 오프닝은 흑의 약한 곳인 f7을 공격해서 나이트 포크를 걸어 룩을 잡으려는 방법을 많이 이용합니다. 물론 흑이 제대로 방어를 하게 되면 백이 크게 얻을 수 있는 이익이 없겠지만요. 오프닝은 서로가 많이 연구되어 있어서 제대로만 한다면 크게 손해 볼 일은 없고 앞에서와 같은 그림에서 흑이 단지 나이트를 위협하겠다고 아무 생각 없이 검은색 폰을 h6으로 움직이게 되면 흰색 나이트가 f7 자리로 가서 포크에 걸리게 됩니다.

최선의 방어는 공격

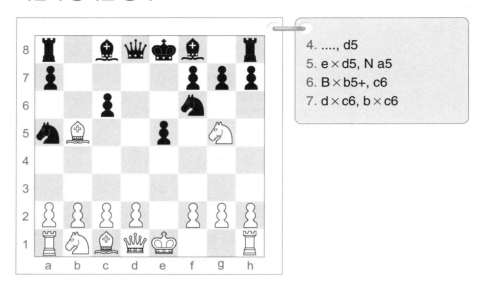

4. ...., d5
5. e×d5, N a5
6. B×b5+, c6
7. d×c6, b×c6

　이 움직임에서 우리가 알 수 있는 것은 상대방의 공격에 대해 단순히 방어 차원으로 두는 것이 아니라 공격적인 수를 사용해 방어를 한다는 것입니다. 물론 모든 수에 대해서 공격적으로 방어를 할 수 있는 것은 아니지만 공격에 대한 방어 수단으로 방어와 함께 공격이 이루어진다는 것은 상당히 중요해요. 왜냐하면 상대방의 공격에 대해 방어만 하다보면 결국 공격의 기회를 얻기도 힘들고 게임에서의 흐름을 자기 방향으로 끌고 갈 수 없기 때문에 결국 상대방의 생각대로 움직이다가 지고 말게 됩니다. 체스 게임을 잘하기 위해서는 밀고 당기는, 공격과 수비 조절을 잘 하는 싸움을 해야 해요. 무리하게 자기 쪽으로 경기 흐름을 끌고 가려다가 허점이 생겨서 지는 경우도 생길 수 있기 때문에 상황에 따라 잘 대응하는 것이 가장 좋은 방법이라 할 수 있어요.

효율적인 공격과 방어

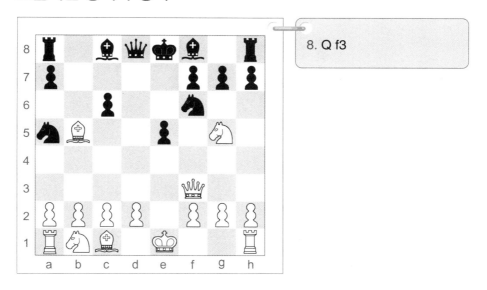

8. Q f3

우리는 이전 그림에서 서로 공방을 벌이는 장면을 보았고 마지막으로 흑이 b6의 폰을 이용해 c6의 폰을 잡아 비숍을 공격하는 것을 보았어요. 이렇게 되면 보통은 비숍을 피하는 것이(비숍의 e2 이동) 바람직한데 백은 전혀 엉뚱한 퀸을 움직였네요. 비숍을 지켜주는 것도 아닌데 왜 피하지 않았을까요? 사실 지켜준다는 것은 무의미합니다.

왜냐하면 작은 기물이 큰 기물을 공격할 때는 무조건 잡고 보려고 하기 때문에 공격을 당하는 쪽은 이를 피하거나 공격하는 기물을 아예 잡는 수가 제일 좋은 수입니다. 과연 퀸의 움직임은 어떤 의미일까요? 만약 한눈에 그 이유를 알 수 있다면 중급 이상의 실력을 갖추었다고 할 수 있을 겁니다. 문제 자체는 어려운 것이 아니지만 한눈에 이유를 알 수 있다는 것은 그만큼 기본적인 실력은 갖춘 것이니까요.

비숍이 피하지 않은 이유는 만약 흑이 원래의 계획대로 폰으로 비숍을 잡게 되면 흰색 퀸이 a8의 룩을 잡기 때문이죠. 다시 말해 핀에 걸려서 흑이 원하는 대로 수를 진행할 수가 없게 되어요. 이처럼 기술을 걸어서도 얼마든지 방어가 가능하므로 여러 수를 생각해 보는 것이 좋아요.

사전 준비 후 게임에 임하자

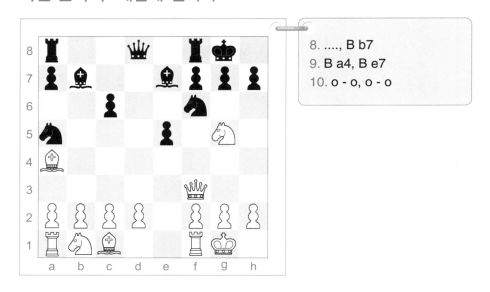

8. ...., B b7
9. B a4, B e7
10. o - o, o - o

캐슬링의 의미는 결국 오프닝의 끝남과 동시에 미들 게임으로서의 진행을 뜻합니다. 지금까지의 움직임인 오프닝은 서로의 수를 알아보기 위한 탐색전 겸 미들 게임을 하기 위한 준비 운동 같은 거에요. 지금 상태에서 본다면 흑의 캐슬링은 어느 정도 맞는데, 백은 조금 빠른 감이 있어요. 다시 말해 싸울 준비치고는 준비 작업이 미약하다는 것이지요. 퀸 사이드 쪽 나이트가 아직 나오지 않은 것도 그렇고 비숍의 길이 현재 막혀 있다는 것도 막상 전투를 벌이기에는 문제가 좀 있어 보이네요.

원래 전투라는 것이 모든 준비가 끝난 상태에서 소모전을 해야 하지만 현재 백의 입장은 전투중에 뒤에서 기물을 보내 전방으로 계속 투입할 생각인 것 같은데, 문제는 전투를 벌이는 중에 기물의 움직임이 원활하지 못하면 중앙에서 밀려나는 일이 생길 수 있는 치명적인 약점으로 작용할 수 있다는 것입니다.

한 가지 목적만으로 움직이는 것은 불리하다

11. R e1, c5
12. Q g3, B d6
13. N f3, e4

　흑의 열한 번째의 수 c5와 열세 번째의 수 e4는 결과적인 의미에서는 같지만 실제에서는 전혀 다른 의도를 보여주기에 여러분들이 체스를 둘 때 공격하는 방법 중에 하나로 사용할 필요가 있습니다. 실제 게임에서 흑 열한 번째의 수는 거리가 멀어 무의미한 수를 두는 것 같지만 넓게 본다는 차원에서 본다면 상대방의 퀸을 노리는 수라고 할 수 있어요. 이때는 백의 입장에서 저 폰을 왜 움직였을까 생각해 보면 쉽게 이유를 찾을 수 있어요.

　하지만 흑의 열세 번째 수는 그 이유를 찾다가 그 이유 때문에 실수할 수도 있는 상황이기 때문에 조심할 필요가 있어요. 역시 여기서도 흑은 백의 수에 대해 의문을 가질 수는 있지만 확실한 이유가 바로 앞에 있기 때문에 막연히 생각하다보면 '아! 나이트를 잡으려나 보다' 라고 생각하기 쉽지만 이 수 또한 흰색 퀸을 노린 수로, 흰색 퀸을 안전하게 방어할 생각을 먼저 해야 하는 것이지요. 이렇듯 공격에 있어서 여러 가지의 의미와 목적을 가지고 시작한다면 성공률이 높아지는 것은 당연한 것이겠죠?

생각 없는 체스는 실패를 부른다

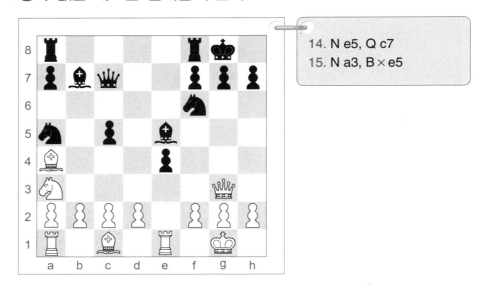

14. N e5, Q c7
15. N a3, B×e5

　백의 열세 번째 수 e4는 디스커버 어택인 듯하지만 백이 잘 막아냈어요. 둘 중에 하나가 잡힌다 하더라도 별로 좋을 일이 없기 때문에 둘 다 살려야 하는데 나이트 e5의 움직임이 좋았어요. 하지만 흑도 공격을 시작할 경우 그 고삐를 늦추지는 않네요. 역시 서로에게 중요한 중앙을 차지하기 위해 전투를 벌이게 되는 것이에요. 흰색 나이트의 움직임으로 공격의 이익을 찾기 힘들었던 흑은 퀸의 중앙 투입으로 좀 더 힘을 얻게 됩니다.

　여기서 백은 결정적 실수를 하게 되는데 갑자기 엉뚱하게도 N a3을 둔 것이에요. 한참 중앙 싸움에 집중해도 모자랄 판에 왜 그런 선택을 했는지 궁금하지만 결국 이 수 때문에 중앙 세력을 전부 흑한테로 넘기게 되었어요. 이렇게 되면 이제는 점점 어려운 싸움을 계속할 수밖에 없겠죠.

디스커버 어택이 뭐였더라? ---------------------------- **TIP**

중간에 있던 말이 다른 곳으로 옮기면서 다른 말이 자연스럽게 상대방 말을 공격하는 것입니다. 그냥 디스커버리(Discovery)라고도 하지요.

위험한 상황은 만들지 말자

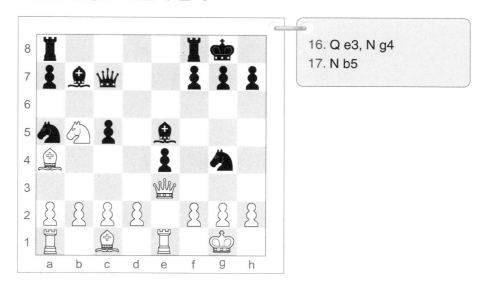

16. Q e3, N g4
17. N b5

　흑과 백의 나이트가 퀸을 노리는 수는 언뜻 보기에는 같은 수라고 생각되지만 이런 수는 되도록 두지 않도록 하는 것이 좋아요. 특별한 이유 없이 자기 기물이 공격당해서 좋을 일이 없으니까요.

　물론 백의 생각은 만약 검은색 나이트가 내 퀸을 공격하면 나도 검은색 퀸을 나이트로 잡으면 되고, 흑이 비숍으로 나이트를 잡으면 백도 폰으로 나이트를 잡으면 된다고 계산 했을 거예요. 물론 이러한 수들이 맞을 수 있다 하더라도 이러한 수는 두지 않는 것이 좋아요.

　다시 말해 위험해질 수 있는 상황은 아예 만들지 않는 것이 좋다는 것이죠. 특히 상대방에 대한 움직임이 자기의 생각대로 움직일 것이라는 확신도 없이 그렇게 플레이하는 것은 아주 위험하답니다.

다양한 수를 생각할수록 멋진 수가...

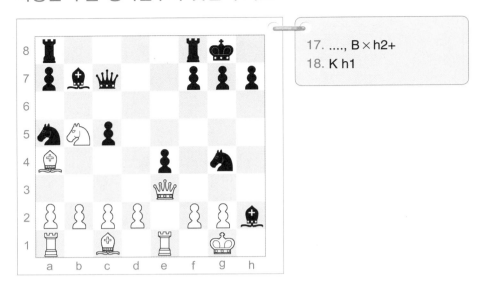

17. ...., B×h2+
18. K h1

B×h2 누가 이런 수를 생각할 수 있겠어요? 물론 체스를 배운지 얼마 안 되는 사람들 중에서 퀸이 공격당해서 잡힐 것 같은데 퀸을 피신시키지 않고 상대방 킹을 향해서 공격할 수 있는 사람이 과연 있을까요?

이처럼 예상하지 못했던 수를 두는 경우가 체스의 고수들 사이에는 종종 있어요. 퀸이 잡히게 될 자리임을 알면서도 말을 옮겼다가 상대방이 퀸을 잡으면 이 말을 또다시 잡는다는 발상은 별 일 아니라고 볼 수도 있지만 현재의 상황에서 그런 생각을 한다는 것은 어찌보면 엄청난 것이라고 할 수 있습니다. 이렇게 검은색 비숍을 생각지도 못한 자리로 옮겼더니 백은 당황하기 시작하네요.

비숍의 공격에 왜 흰색 킹은 f1로 가지 않았을까요? 그건 f1로 갔다가는 검은색 나이트가 퀸을 잡으면서 체크를 부르기 때문이에요. 그렇게 되면 검은색 나이트로 흰색 퀸을 잡고 폰한테 나이트가 잡힐 때 검은색 퀸은 흰색 나이트의 공격을 피해 달아날테니 결국 백만 퀸을 잡히게 되는 것이지요.

마무리

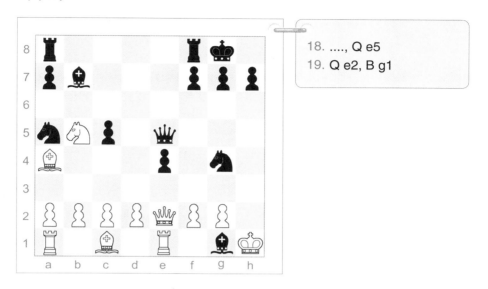

18. ...., Q e5
19. Q e2, B g1

검은색 퀸은 결국 흰색 나이트의 위협에서 벗어남과 동시에 백을 위협할 수 있는 상태에 놓이게 되고 결국 흰색 퀸도 검은색 나이트의 위협을 피해 e2 자리로 피했어요. 이때 흑의 멋있는 수가 나오는데 바로 B g1이에요. 우선 한눈에 봤을 때 흑의 수는 퀸으로 h2 자리에서 체크를 부르려고 할 겁니다. 그러면 백은 이를 막고자 g2의 폰을 한 칸 올려 h2 자리를 막을 수 있어요.

하지만 검은색 퀸은 h5로 가서 다시 체크를 부르고 흰색 킹은 조금이라도 오래 버티려고 K g2로 피하겠죠. 다시 흑은 Q h2로 체크를 부르고 흰색 킹은 f1로 피하게 됩니다. 다시 검은색 퀸이 h3으로 체크, 흰색 킹은 어쩔 수 없이 비숍을 잡으면서 피하고, 검은색 퀸은 g4 나이트의 도움을 받아 퀸이 h2로 가서 체크를 불러요. 결국 흰색 킹은 f1 자리로 갈 수밖에 없게 되고 검은색 퀸의 h1 체크로 게임은 끝나게 됩니다.

5. 체스 고수 되기 – 두 번째 작전

긴장하지 말자

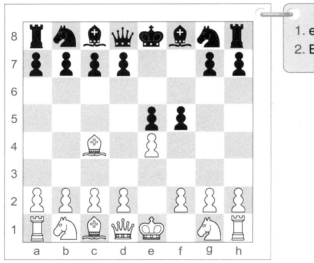

1. e4, e5
2. B c4, f5

전혀 예상하지 못하는 오프닝이 나온다면 어떻게 해야 할까요? 상대방이 내가 아는 오프닝만을 두기 바란다면 순순히 그렇게 내줄까요? 제일 좋은 방법은 지구상에 존재하는 모든 오프닝을 다 알고 있다면 정말 좋겠지만 그건 불가능한 일이고 결국 상황에 맞춰 대응하는 수밖에 없을 겁니다. 모르는 수에 대한 반응에 있어서 앞에서는 초보적인 입장에서 설명했지만 이번에는 중급자의 입장에서 설명을 할게요.

우선 이 오프닝의 의미를 파악하는 것이 중요해요. 상대방의 다음 수는 무엇이며 어떤 수를 두기 바라는지도 알면 좋겠죠. 결국 본인이 선택할 수 있는 수 중에서 상대방의 의도와는 상관없는 수를 두면 돼요. 물론 상대방이 원하는 수라도 본인이 감당할 수 있다면 반대로 둘 수도 있겠죠. 오프닝에서는 크게 문제가 될 만한 것만 아니라면 어떠한 수를 두더라도 나름대로의 이유만 있다면 괜찮아요.

폰을 아끼자

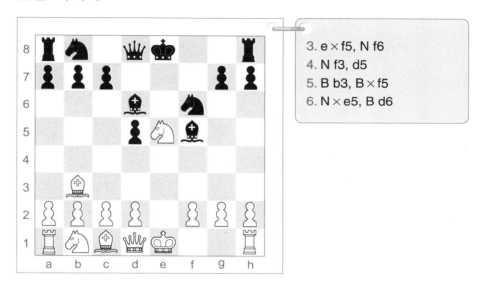

3. e × f5, N f6
4. N f3, d5
5. B b3, B × f5
6. N × e5, B d6

　백의 나이트를 f3으로 움직이는 것은 수비적인 동시에 중앙 폰을 잡겠다는 의지를 보인 것인데, 이 수에 대해 흑의 선택은 작은 것을 주고 큰 것을 잡겠다는 의미에서 d5를 두었어요. 상식적인 부분에서는 문제가 없는 수이긴 하지만 가급적이면 중앙의 폰의 가치를 조금 더 생각했으면 좋겠네요. 중앙 폰에 대한 가치는 생각보다 크답니다. 단순히 '폰 하나쯤이야' 라고 쉽게 생각하기보다는 그 가치를 좀 더 적극적으로 활용해야 합니다.

　그러한 생각은 다음 수에서도 나타나요. 흑의 경우 비록 f5의 폰을 잡았으므로 단순히 d5의 폰과 교환한 것이라고만 생각할지 모르겠지만 e5에 있던 검은색 폰과 f5에 있던 흰색 폰과의 가치 차이는 아주 클 뿐 아니라 굳이 주지 않아도 되는 폰을 언제고 가질 수 있는 폰과 교환한 것이므로 눈에 쉽게 띄지는 않지만 실제로는 크나큰 손해를 입게 된 것이에요. 중급 이상의 플레이어들은 이런 부분에서 상당히 조심한답니다.

디스커버 어택

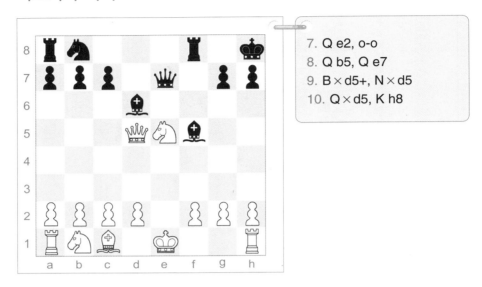

7. Q e2, o-o
8. Q b5, Q e7
9. B×d5+, N×d5
10. Q×d5, K h8

Q e2는 디스커버 어택이라는 기술을 걸려고 했으나 흑이 캐슬링으로 피했네요. 아주 괜찮은 캐슬링이었다고 생각해요. 흑이 캐슬링을 통해서 룩을 사용할 수 있게 되어 흑의 입장이 더욱 좋아졌어요. 흰색 퀸의 b5로의 움직임은 이해가 안 되는 수로, b5로 움직여 상대방을 잡는다고 해봐야 폰 하나인데 크게 의미가 없는 수로 보입니다.

반대로 이젠 흑이 퀸을 이용한 디스커버 어택을 생각하고 있는 중이에요. 결국 중앙에서 복잡한 전투가 벌어지는데 백이 크게 유리하다고 보이지는 않아요. 흰색 나이트는 핀에 걸려 있는 상태라서 움직이고 싶어도 움직일 수 없는 상태가 되기 때문이지요. 중앙 싸움은 백이 주도하는 상황에서 검은색 킹이 h8로 피함으로써 정리가 되었어요.

목적을 가지고 움직여라

11. d4, c6
12. Q b3, c5
13. o-o, c×d4
14. N c4, B e6
15. Q d3, B×c4

　　d4나 c6을 보면 최소한의 움직임에 대해 목적들은 가지고 있다는 것을 알 수 있어요. 어떠한 움직임이라도 목적이 있어야 좋은 움직임이라고 누누히 말했죠? 흰색 퀸이 뒤로 물러남에 따라 흑은 계속적으로 공격을 하게 돼요. 흑에게서의 아쉬움은 목적을 살렸으면 좋았을 거라는 생각이 들어요. 검은색 폰이 단순한 공격만을 하기보다는 비숍으로 나이트를 잡는 것이 더 좋아 보였어요. 결국 흑은 폰 하나의 이득을 얻을 수 있었고 흰색 나이트는 피할 수 있는 시간을 얻은 셈입니다.

　　그러나 흑의 집요한 공격은 계속되고 흰색 퀸은 핀에서 탈출해서 중앙 폰에 대한 공격을 같이 하게 되지요. 이에 비숍으로 나이트를 잡게 되어 중앙 폰에 대한 미련을 가질 수 있게 되었어요.

계획 있게 움직이자

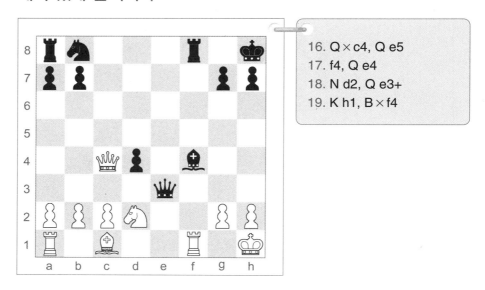

16. Q×c4, Q e5
17. f4, Q e4
18. N d2, Q e3+
19. K h1, B×f4

　흑은 N c6의 수로 중앙 폰을 지키는 것이 맞긴 하지만 조금은 어설프고 무모하게 퀸을 이용해 이를 지키려다가 어려움에 부딪치게 됩니다. 일반적으로 작은 기물을 지키기 위해 큰 기물을 사용하는 것은 바람직하지 않은 방법이랍니다. 특히 폰을 지키려고 퀸을 사용하는 것은 그리 좋은 방법이라거나 권장할 만한 방법은 전혀 아니에요. 백도 계획성 없이 공격만 하다보면 반대로 역습을 당할 수 있다는 것을 염두에 두어야 해요.

　특히 f4의 폰을 그냥 흑에게 주어서는 안 됩니다. 하지만 흰색 나이트의 어설픈 공격으로 인해 검은색 퀸은 체크를 부르게 되었고 기물 운영을 재정비할 수 있는 시간을 벌 수 있었어요. 한편 백은 주도권까지 뺏기게 되어 어려운 게임을 하게 되었네요.

효율적으로 움직이자

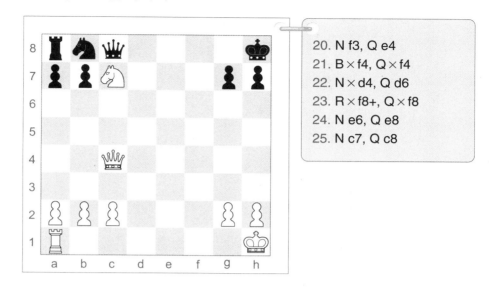

20. N f3, Q e4
21. B×f4, Q×f4
22. N×d4, Q d6
23. R×f8+, Q×f8
24. N e6, Q e8
25. N c7, Q c8

비록 기물의 운영에 있어서는 부족한 부분이 있지만 기회를 잡는 능력이나 위기 탈출 능력 등 부분적인 면에서는 서로가 좋은 예를 많이 보여주고 있어요. 우선 흰색 나이트가 움직이면서 퀸을 위협하고 한 번의 주도권을 잡게 됨으로써 주도권을 계속 잡겠다는 강한 의지를 보여주는 움직임을 보여주고 있습니다.

특히 검은색 퀸을 또 한번 공격해서 흑이 가벼운 실수라도 할 경우에는 큰 손해를 입을 수도 있게 만들고 있네요. 스물두 번째의 흑의 움직임도 Q d6 외에 다른 수를 두었다가는 질 수도 있었지만 룩끼리의 교환을 통해 흑이 어느 정도 위험에서 벗어나게 되었습니다. 그런 점에서 교환을 할 경우의 결과에 대해서도 계산을 잘 해야 해요. 스물다섯 번째 포크의 수를 흑은 잘 막아낸 겁니다. 나이트로 룩을 잡으면 검은색 퀸한테 흰색 퀸이 잡히게 됩니다.

퀸과 나이트의 싸움

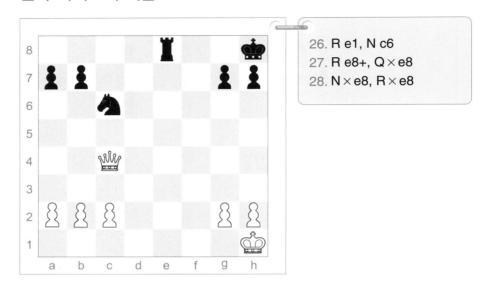

26. R e1, N c6
27. R e8+, Q×e8
28. N×e8, R×e8

    흰색 룩의 e1 수는 아주 중요한 움직임입니다. 이 수로 인해 검은색 퀸을 잡을 수 있기 때문이죠. 흑은 특별히 다른 움직임 없이 나이트가 움직였고 이때 룩 체크를 통해 흑은 선택의 여지없이 교환을 할 수밖에 없었지만 그나마 다행인 것은 나이트까지 잡을 수 있었다는 점이죠.

    결국 이 이후의 진행은 흰색 퀸과 룩 나이트와의 싸움인데 누가 이긴다 진다라고 말하기가 쉽지는 않네요. 다만 조금 아쉬운 점이 있다면 검은색 나이트가 c6으로 나왔을 때 왜 흰색 나이트는 룩을 안 잡았을까 하는 점이죠. 물론 결과적으로 볼 때의 이야기이고 지금의 상황이나 그때의 상황에서 누가 이길지는 아무도 모르는 일이지요.

6. 체스 고수 되기 – 세 번째 작전

"이제 정상이 보이는 것인가"

체스 고수냐 그렇지 않느냐의 기준은 명확히 구분된 것은 아니지만 결국 체스는 얼마나 실수를 적게 하는가에 달렸습니다. 다른 사람들의 실수를 잘 살펴보고 자신도 실수를 줄일 수 있도록 노력하세요.

상대방의 움직임을 파악하라

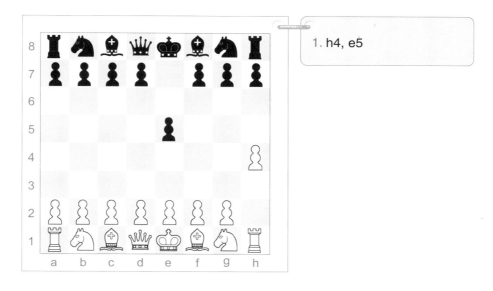

1. h4, e5

오프닝을 하다보면 정말 다양한 오프닝을 두루 만나게 되므로 혹시 모르는 오프닝을 보더라도 긴장하거나 당황하고 걱정할 필요는 없다고 말한 적이 있지요? 그렇다면 h4도 같은 의미일까요? 아니에요. 이런 수를 두는 사람은 자기가 완전 초보라고 광고하는 것과 같아요. 그러므로 전혀 걱정하거나 신경 쓸 필요가 없어요. 다만 e4, e5를 둔다고 해서 전부 체스를 잘한다고 할 수 없듯이 h4를 두는 사람을 전부 체스를 못 두는 사람이라고 생각할 수는 없는 일이지요. 체스를 배운지 얼마 안 된 사람들이 기본적인 오프닝을 따라 하느라고 e4, e5를 둘 수 있듯이 h4를 두고도 미들을 잘할 수 있는 사람도 물론 있으니까요. 그러므로 굳이 복잡하게 생각할 것은 없지만 상대방의 움직임을 생각해볼 필요는 있어요.

상황에 따른 이동

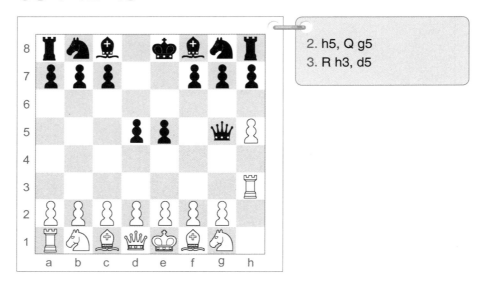

2. h5, Q g5
3. R h3, d5

h5.... 초보의 움직임은 여러 가지의 의미를 가지고 있기 때문에 정확한 해석이 불가능해요. 백은 처음부터 스스로 어려운 게임을 하고 있어요. 퀸을 g5로 옮기는 수는 어떨까요? 실제로는 좋은 수라고 말할 수 없습니다. 상대방이 확실한 초보라고 판단이 되면 초반에 승부를 내기 위해 퀸을 활용하기도 하기 때문이지요. R h3의 경우 결국 앞의 움직임은 룩이 나가기 위해 움직였다는 것인데, 단지 그 이유만으로는 설명하기가 어렵네요. d5는 중앙에 영향력을 두는 한편 비숍으로 룩도 노리고 있어요. 게임을 하다보면 자신의 말을 움직여 상대방 말을 잡으려고 하더라도 쉽게 잡을 수 없는 경우가 대부분이에요. 상대방이 아무 생각 없이 둔다면 모를까 바로 앞 사람의 생각을 읽는 사람들은 많으니까요.

게임의 진행을 빨리 결정하자

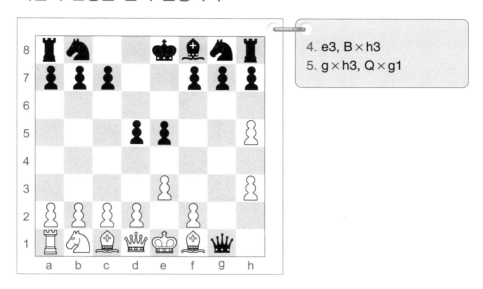

4. e3, B×h3
5. g×h3, Q×g1

사실 첫 수만 봐도 상대방의 실력을 알 수 있고 게임을 진행하면서 그 평가가 더욱 확실해 질 수 있어요. 그렇다면 게임의 방법 또한 달라지게 되는데 우선 자기보다 잘하는 사람에게는 무엇이라도 배울 수 있는 것이 있으므로 방어형으로 진행하는 것이 좋아요. 빨리 지게 되면 하나라도 더 배울 기회를 잃게 되므로 무모한 공격은 안 하는 것이 좋다는 뜻이에요.

둘째로 비슷한 상대이거나 나보다 조금 잘하는 경우는 역시 계획적이고 적극적이어야 할 필요가 있어요. 버틴다는 것 자체가 의미가 없고 결국은 진다는 이야기인데 나보다 조금 잘하는 경우라면 자기한테도 기회는 한두 번쯤 올 테니 그 기회를 잡을 수 있도록 하는 것이 좋아요.

끝으로 지금처럼 나보다 못한다고 판단될 경우는 메이트 수순을 보고 모든 기물들이 공격에 참여해서 빨리 승부를 지을 수 있도록 해야 돼요. 많이 흔들수록 약점은 많이 생기거나 커지기 마련이니까요.

불필요한 움직임을 최소화하자

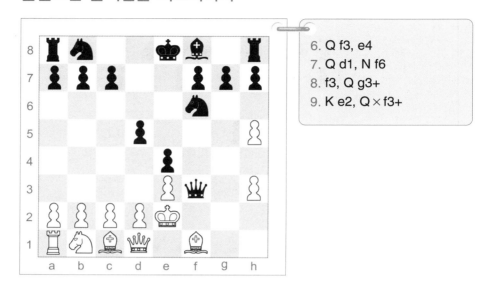

6. Q f3, e4
7. Q d1, N f6
8. f3, Q g3+
9. K e2, Q×f3+

하수일수록 불필요하고 반복적인 수를 많이 두어요. 그 이유 중 하나가 역시 움직임에 있어서 목적이 없고 자신이 없기 때문이지요.

내가 이 기물을 움직이는 이유는 무엇 때문이라는 확실한 목적만 있다면 못할 것도 없는데 아무 생각 없이 움직이다보니 상대방의 작은 움직임에도 크게 반응할 수밖에 없는 것이지요. 좀 더 다른 계획, 좀 더 좋은 생각을 할 준비가 안 되어 있기 때문에 그런 것인데 결국 실력적인 차이에 있어서도 그런 것이 이유가 될 수 있겠죠.

또 하나의 차이는 고수는 기물의 활용에 있어서 보다 많은 기물을 적절하게 움직이지만 하수는 많은 기물을 활용할 줄 모른다는 점입니다. 각 기물의 멀티 플레이도 중요하지만 콤비네이션이야말로 체스에서 꼭 필요한 것이에요. 백은 폰의 교환을 통해 퀸을 활용하려 했지만 흑이 역이용하여 폰 하나의 이익을 보게 되었어요.

기물의 교환도 생각하면서 하자

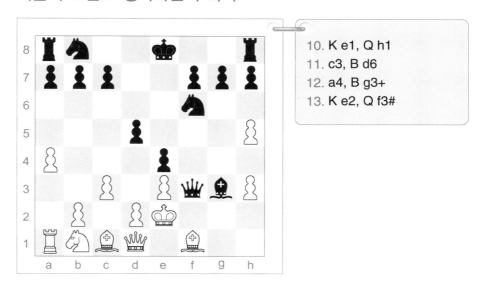

10. K e1, Q h1
11. c3, B d6
12. a4, B g3+
13. K e2, Q f3#

기물의 교환에 있어서 내가 한두 개 기물의 이익을 보고 있을 때 상대방이 나와 비슷하거나 잘하는 사람이라면 기물을 교환하는 것이 좋아요. 다시 말해 내가 최소한 지는 상황은 만들지 않기 위해 큰 기물들의 교환을 하는 것이지요. 실력이 좋은 사람하고 둘 때 이기고 있는 경우라 해도 마음이 놓이지 않는 이유는 언제든지 상대방도 이길 수 있는 수를 보기 때문이에요.

반대로 약한 상대로 큰 기물의 교환은 게임의 시간만 길게 할 뿐이지요. 그러므로 불필요한 교환은 할 필요가 없어요. 그 큰 기물로 빨리 이길 수 있는 기회를 만들기 위해서지요. 혹은 말 하나하나가 메이트를 시키기 위해 움직이지만 a4와 c3의 폰 움직임은 현재 게임에서 아무런 의미가 없어요.

결과적으로 비숍으로 체크를 부른 다음 퀸으로 마무리를 하는 순서로 진행을 하면 되겠지만 반대의 경우인 퀸을 움직인 후 비숍으로 체크를 부르게 된다면 게임의 시간만 길어지게 됩니다. 결국 체스의 목적은 체크메이트에 있는 것이지 단순히 기물의 움직임이 많거나 적다고 해서 승패가 갈리는 것은 아니라는 것을 잊어서는 안되겠죠?

시실리안 사용하기

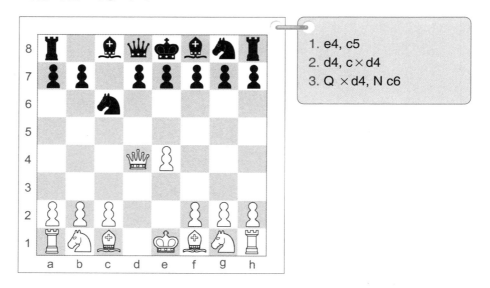

1. e4, c5
2. d4, c × d4
3. Q × d4, N c6

　흰색 e4의 수에 검은색 c5는 시실리안이라는, 흑으로서는 아주 좋은 오프 닝이랍니다. 문제는 이 시실리안을 흑이 얼마나 알고 사용하느냐에 있어요. 아무리 좋은 오프닝이라 해도 오프닝을 단순히 외우고만 있다면 상대방의 수 에 대한 변화를 제대로 대응하기 어렵기 때문이지요.

　오프닝은 여러 번의 공부를 통해 외우기보다는 이해하는 것이 좋아요. 백 은 중앙 폰 교환을 한 다음 퀸으로 잡을 생각을 하고 있었고 이에 대해 검은색 나이트 c6은 괜찮은 수랍니다.

목적을 가지고 퀸을 움직여라

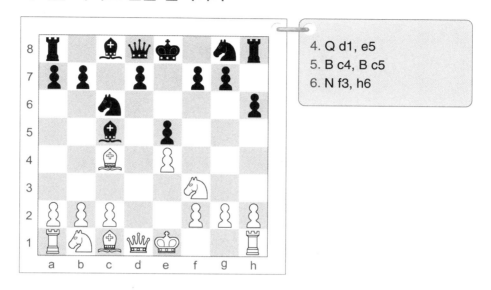

4. Q d1, e5
5. B c4, B c5
6. N f3, h6

    상대방 나이트의 N c6의 공격에 있어서 퀸이 a4 자리로 가는 경우를 많이 봤으나 자기 자신이 그러한 수의 이유를 안다면 모를까 퀸은 초반에는 크게 움직이지 않는 것이 좋습니다. 퀸의 움직임은 목적이 있을 때에만 움직이는 것이 좋아요. 그러므로 특별한 일이 없을 경우 초반 오프닝에서의 퀸은 원래 자리가 좋아요.

    이후의 움직임들은 오프닝에서 서로간의 세력을 나눠 가지고 힘의 균형을 맞추고 있어요. 상대방이 조금이라도 틈을 보인다면 공격하는 경우도 있지만 준비가 안 된 공격은 자기 기물의 희생만 생길 수도 있기 때문에 조심해야 해요. N f3의 수에 검은색 h6은 흰색 나이트의 g5 자리로 못 오게 하려는 것이에요.

잘 보고 판단하라

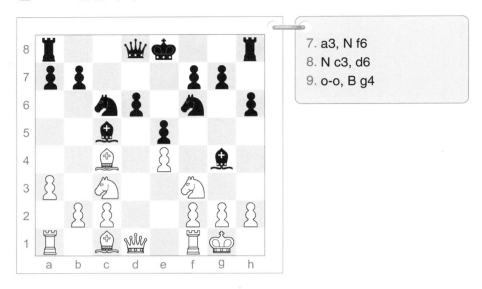

7. a3, N f6
8. N c3, d6
9. o-o, B g4

백의 a3은 쓸데없는 수입니다. 물론 b4를 두기 위한 다리를 놓는 수이기는 하지만 b4의 수 자체는 값어치가 없기 때문에 더 의미가 없어지는 것이에요. 여덟 번째 흑의 d6을 두면 필자는 h3으로 폰을 올리는 편이에요. 흑의 수가 어떤 의미인지 알기 때문에 귀찮아지는 것을 방지하기 위해서죠. 귀찮아진다는 것은 내 의도와 다르게 진행되는 것을 말하는데 일반적으로는 무시하는 게 맞다고 많은 체스 코치들은 가르치고 있어요. 이 부분에 있어서는 여러분들의 생각대로 해보는 게 좋겠어요.

단 상황에 따라서는 다른 답이 나올 수도 있으니 잘 생각해 보도록 하세요. 백은 이제 싸울 준비를 마친 상태네요. 그 기준은 캐슬링이에요. 물론 캐슬링을 하지 않은 상태에서도 싸울 준비는 끝날 수도 있고 반대인 경우도 종종 있어요. 흑의 B g4는 핀이라고 하는데, 이런 게 귀찮은 수가 될 수도 있어요. 물론 충분히 방어할 수 있다면 상대방의 공격에 대해 겁부터 낼 필요는 없을 거예요.

효율적으로 게임 리드하기

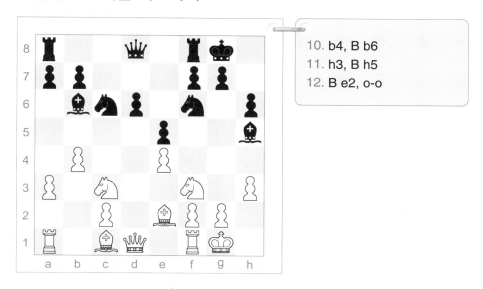

10. b4, B b6
11. h3, B h5
12. B e2, o-o

　흰색 h3의 생각은 검은색 비숍이 나이트를 잡아 주기를 바랐는지도 몰라요. 하지만 대체로 그렇지 않고 핀 상태를 유지하는 경우가 많지요. 나이트보다 비숍이 더 좋은 이유도 있지만 나이트와 비숍을 교환해서 자기에게 조그마한 이익이라도 생긴다면 모르겠지만 단순한 교환이라면 교환을 시작한 쪽이 손해보는 경우도 많기 때문이지요. 기물에 대한 손해는 아니기 때문에 사실 눈에 띄는 큰 손해는 아닐 수도 있어요. 서로간에 약간의 탐색전을 마친 상태랍니다.

　이제 흑도 캐슬링을 했으므로 본격적으로 공격에 대한 구상을 해야 되네요. 서로 이길 생각이 없다면 상대방 진영에 대한 공격보다는 방어를 더 생각하겠지만 처음부터 그러는 경우는 없어요. 지금의 상태는 특별히 불리한 것 없이 비슷한 상태라고 할 수 있어요. 이 이야기는 결국 백이 손해봤다는 이야기도 되죠. 게임을 주도해 나갔다면 자기가 조금이라도 우세하다는 것을 느낄 수가 있어야 하거든요.

상황에 따라 선택하기

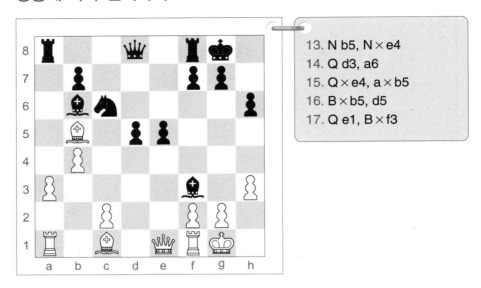

13. N b5, N×e4
14. Q d3, a6
15. Q×e4, a×b5
16. B×b5, d5
17. Q e1, B×f3

백이 먼저 폰에 대해서 손해를 봤으나 결국 수순에 의해 그 폰을 찾아왔어요. 또한 기물의 발전을 통해 자기한테 유리하게 이끌어 가고 있네요. 이에 대해 흑도 단지 방어만 해서는 절대로 백을 이겨낼 수가 없어요. 상대방의 공격에 대해 여러 수를 생각해 보고 그 중에서 잘 선택해야 해요. 여기서 여러 수를 생각하는 능력을 기르기 위해서는 역시 많은 게임 수가 필요하고 올바른 선택을 위해서는 역시 공부하는 것이 중요해요.

흑의 마지막 B×f3은 아주 좋은 수입니다. 이전까지는 서로 견제적인 큰 타격을 줄 만한 수가 없었으나 흰색 퀸의 잘못된 움직임 때문에 기물의 손해보다는 킹의 안전을 위협받게 되었어요. 이때는 백의 입장으로서는 기물의 손해 없이 빠르게 엔딩으로 가는 것이 좋아요. 엔딩에서는 캐슬링에 대한 의미가 약해지므로 캐슬링이 깨져도 상관이 없어요.

어떤 것을 선택할 것인가?

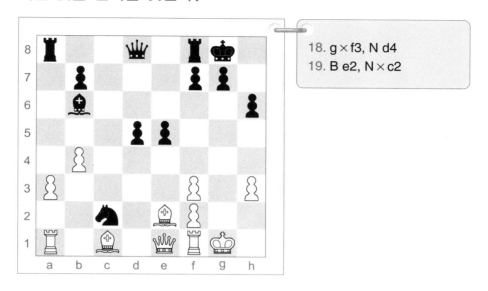

18. g×f3, N d4
19. B e2, N×c2

　백은 어쩔 수 없이 잡아야 해요. 가끔 모양을 깨지 않기 위해 안 잡는 경우도 있지만 그건 너무 무모한 수이고 특히 여기서는 킹하고 퀸이 포크가 걸린 상태라서 어쩔 수 없이 잡아야 해요. 검은색 나이트의 움직임이 좋아 f3 자리로 가서 포크를 노릴 수도 있고 c2자리로 가서 포크를 할 수도 있기 때문이에요. 어느 한 쪽의 움직임이 좋다는 것은 반대쪽의 움직임은 나쁘다는 이야기도 되죠. 물론 둘 다 힘든 경우도 있지만요.

　그런데 힘들다는 것과 나쁘다는 것은 의미가 달라요. 둘 다 힘들다는 것은 둘 다 잘하고 있다는 이야기도 되는데, 나쁘다는 것은 한쪽의 의미가 커요. 결국 우선적으로 비숍을 먼저 살리고 그 살린 비숍으로 킹과 퀸의 포크도 막는데, 다만 이렇게 되면 퀸과 룩의 포크는 막을 수 없게 돼요. 백의 선택은 공짜로 비숍을 주기보다는 나이트와 룩의 교환을 생각한 것인데, 그러는 편이 하나의 기물을 공짜로 주는 것보다는 낫지요.

끈기 있게 게임 진행하기

20. Q c3, R c8
21. Q×e5, R e8
22. Q g3, R×e2
23. B b2, f6

　혹의 움직임이 끈기 있으면서도 좋아요. 이런 식의 움직임이라면 백으로서도 반격할 수 있는 기회를 잡기가 힘들어지기 때문이지요. 흰색 비숍의 b2로 가는 것이 기회를 잡는 수 중에 한 가지에요. 물론 b2보다는 이익을 얻기 위해서라면 h6으로 가서 폰을 잡았어야 해요. 하지만 이 수는 혹이 얼마든지 대응할 수 있는 수가 많아서 지금으로서는 상대방이 모르게 노리고 싶을 수도 있어요.

　다만 혹이 생각을 안한다거나 자기의 수만 본다면 모르겠지만 만약 상대방의 움직임까지 다 확인을 하면서 움직인다면 쉽게 공격의 기회를 잡기는 힘들 거예요. 혹의 f6의 움직임만을 봐도 백의 움직임을 혹이 다 보고 있다는 이야기가 돼요. 결국 기물이 부족한 백이 계속 어려운 게임을 할 수밖에 없게 되었네요.

계속 수를 고려하자

24. a1에 있는 룩의 d1 이동, d4
25. f4, f5
26. Q d3, Q e8
27. Q × f5, N e3

이제 백의 입장에서는 작은 싸움에서라도 매번 이겨야 하며 그러는 과정에서도 절대 킹을 메이트시킨다는 것을 포기해서는 안 돼요. 특히 작은 싸움, 즉 소모전을 하게 되면 좋은 점이 상대방에게 킹을 노리는 의도인지 소모전을 하는 건지 분간이 안 되는 경우를 만들 수 있기 때문에 결국 무엇이든지 정신을 똑바로 차리고 게임을 하는 게 좋아요. 본인이 상대방 메이트를 생각하면서 게임하듯이 상대방도 마찬가지이기 때문이지요. 나이트가 e3 자리로 간 것은 우선 룩 2개와 퀸을 이용해 포크를 걸기 위한 것으로 보이네요.

하지만 e3의 검은색 나이트는 f4에 있는 흰색 폰에게 잡히고 말겁니다. 그럼에도 왜 흑은 나이트를 e3으로 옮겼을까요? 흑의 경우 백의 공격을 막고 자신에게 유리한 게임으로 바꾸기 위해 아쉽지만 나이트를 포기한 것입니다. 이러한 여러 가지 생각을 하면서 게임을 하게 되면 보다 좋은 게임을 할 수 있게 된다는 건 앞에서도 많이 이야기 했었죠.

무승부도 고려할 수 있다

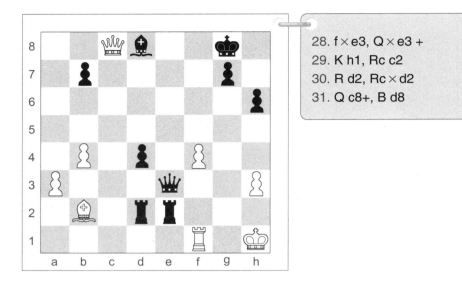

28. f×e3, Q×e3 +
29. K h1, Rc c2
30. R d2, Rc×d2
31. Q c8+, B d8

　백은 어쩔 수 없이 잡고 결국 흑은 퀸을 백 진영으로 끌어들이기 위해 나이트를 희생한 것이고, 그 나이트는 나이트 가치 이상의 수를 한 것이에요. 결국 검은색 퀸까지 흰색 킹을 노리게 되었고 이제 방어 라인은 거의 무너지는 단계라고 봐야 할 거예요. 마지막 룩까지 흰색 킹을 공격하는 데 참여하면 백으로서는 먼저 상대방 킹을 잡는 수밖에 없어요.

　또 하나는 무승부라는 것도 있는데, 여러 상황을 고려해 봐야 해요. 백룩이 d2로 간 것은 버티려는 의도로밖에는 안 보여요. 또 하나 c 라인을 열기 위해서이기도 하고요. 그래야만 무승부도 가능하기 때문이지요. 흰색 퀸은 반복수 내지는 이기고 싶은 마음이 있어서 간 것인데, 흑의 비숍을 버리는 수가 아주 멋지네요. 흰색 퀸이 검은색 비숍을 잡으면 반복수 비김이 나오지 않아요.

기회를 반드시 잡아라!

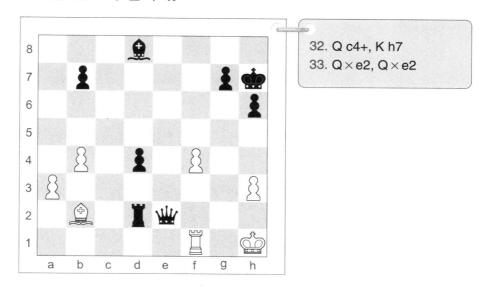

32. Q c4+, K h7
33. Q×e2, Q×e2

백으로서는 사실 더 이상의 수가 없어요. 백의 패인은 순간의 실수라고 할 수 있어요. 모든 것이 그렇겠지만 순간에서 일어나는 일들로 결과가 만들어지는 것이지요. 또한 흑의 입장에서 수가 많다거나 많아진 것은 상대방이 그만큼 틈을 많이 보였기 때문이에요. 이러한 부분에서 알게 된 것 중 하나가 상대방이 못할수록 기회가 많이 온다는 것입니다. 약한 상대에게는 많은 기술을 걸 수 있는데 어떤 상대에게는 기술이 잘 안 걸린다는 것은 그만큼 상대방이 잘해서라고 생각해도 되죠.

또 하나 상대방이 아무리 실수를 하고 기회를 주어도 그걸 알아채지 못해 이용하지 못한다면 소용이 없는 것이겠지요. 결국 자기한테 기회가 왔을 때 그 기회를 잡을 수 있는 능력도 아주 중요하므로, 그 능력을 키워야 합니다.

찾아보기